LE VITRAIL

Couverture
- Oeuvre et photo:
  CLAUDE BETTINGER
- Maquette:
  GAÉTAN FORCILLO

Maquette intérieure
- Conception:
  GAÉTAN FORCILLO
- Illustrations:
  CLAUDE BETTINGER
- Photos:
  DANIEL HÉNAULT
  AGATHE MASSÉ
  CLAUDE RONDEAU

DISTRIBUTEURS EXCLUSIFS:

- Pour le Canada:
  AGENCE DE DISTRIBUTION POPULAIRE INC.*
  955, rue Amherst, Montréal H2L 3K4 (tél.: 514-523-1182)
  *Filiale de Sogides Ltée

- Pour la France et l'Afrique:
  INTER-FORUM
  13, rue de la Glacière, 75013 Paris (tél.: 570-1180)

- Pour la Belgique, la Suisse, le Portugal, les pays de l'Est:
  S.A. VANDER
  Avenue des Volontaires 321, 1150 Bruxelles (tél.: 02-762-0662)

Claude Bettinger

LE VITRAIL

LES ÉDITIONS DE L'HOMME *

CANADA: 955, rue Amherst, Montréal H2L 3K4

*Division de Sogides Ltée

*1979 LES ÉDITIONS DE L'HOMME,
DIVISION DE SOGIDES LTÉE

Bibliothèque nationale du Québec
Dépôt légal — 1er trimestre 1980

ISBN 2-7619-0064-2

Préface

Pour travailler le verre avec succès, il faut le connaître et l'aimer, car c'est une bête capricieuse et imprévisible. Claude Bettinger a cette relation attentive avec le verre qui lui permet d'en parler avec précision, simplicité et efficacité.

Les vitraux ont toujours rempli un rôle utilitaire et esthétique, ce qui a donné naissance à la dichotomie artiste-artisan. Si celle-ci s'abolit, on se retrouve devant une situation nouvelle: l'artiste, grâce à la maîtrise d'une technique, peut alors produire des oeuvres d'une rare qualité, des oeuvres d'art.

Le livre de Claude Bettinger précise le vocabulaire français du verrier, décrit bien les procédés d'assemblage, le matériel requis, le "tour de main" qu'il faut pour bien s'en servir et démontre même comment on peut inventer des outils et des techniques nouvelles.

Ce livre est important pour qui s'intéresse à ce métier de verrier. Les techniques de base et les connaissances indispensables enseignées dans ce livre seront un excellent départ pour poursuivre une recherche et acquérir les connaissances que seul la pratique enseigne.

Marcelle Ferron

Le vitrail est l'art des pays sans soleil.

Emile Mâle

Je dédie ce livre
à mon père qui m'a appris le métier et
à Philippe afin qu'il s'en souvienne.

Introduction

C'était en Alsace après la guerre, vers 1949. J'avais sept ou huit ans, lorsque mon père commença à m'emmener dans les églises où il travaillait. Je me souviens des escaliers de pierre progressant en spirale à l'intérieur des clochers; je me souviens des pigeons, des chauves-souris, de l'impression de vertige et de l'odeur de pierre humide mêlée à celle des cierges. Les grandes colonnes en pierres grises baignaient dans une lumière d'hiver. À ces temples froids, mon père venait redonner la vie, replaçant petit à petit dans des armatures de fer, des taches de couleur, des morceaux de lumière colorée: tranquillement l'église redevenait habitée.

C'est à ce moment que j'ai ressenti ce qu'était le vitrail: un filtre de couleur animant un espace, intégrant et sublimant ce dernier.

Dans ces pages, j'ai essayé d'expliquer de la façon la plus claire et la plus simple possible cette technique plusieurs fois centenaire, telle que je l'ai apprise de mon père, telle qu'il l'avait lui-même apprise et telle qu'elle s'est perpétuée depuis le Moyen Âge. Bien entendu, il s'agit d'un résumé qui vise à l'essentiel de ce qui est fondamental pour la compréhension des étapes, des procédés et des structures.

Claude Bettinger

Chapitre I
Définition du vitrail

Le vitrail est essentiellement un assemblage de morceaux de verres colorés reliés par un réseau de plomb.

C'est une composition décorative formant une cloison translucide.

Aperçu historique

Les origines

Bien que toute la lumière n'ait pas encore été faite sur les origines du vitrail, nous pouvons cependant repérer certains moments importants de ses débuts.

Le verre était connu et fabriqué par les Égyptiens vers 2 500 av. J.C., et le verre soufflé date de 2000 ans. Les plus anciens assemblages de verres colorés mentionnés

Vitripictor. Der Glasmaler.

ARte renidentes operosus inuro colores,
    Et vigil illustro vitra labore meo.
Nobilis effigie Ducis, historiaq; vetusta
    Conspicitur nostra picta fenestra manu.

Nam quod imaginib. junt regia refer... u. oris,
    Clara nec Heroum tot monumenta iacent.
Id mihi praecipuè laudabile duco, bonumq;
    Hoc opus officij glorior esse mei.
Quippe repraesento speculum velut arma virosq;
    Factaq; magnorum nobilitata Ducum.

Vitria. 1

"Le peintre sur verre" gravure de Tost Ammam (1599)

dans des textes remontraient au Ve siècle. En Syrie, on a retrouvé des fragments de verres colorés provenant de vitraux arabes (morceaux de verres colorés reliés par du stuc) et datant de l'an 750.

Les plus anciens fragments de vitraux européens semblent provenir de l'époque carolingienne, VIIe-IXe siècles (découvert en 1878 à Séry-lès-Mézières). Cependant, les plus anciens vitraux complets que nous connaissions restent ceux de la cathédrale d'Augsbourg en Allemagne: il s'agit de cinq fenêtres de deux mètres de haut qui furent réalisées entre 1120-1140.

L'âge d'or

Le plein épanouissement de l'art du vitrail eut lieu entre le XIIe et le XIVe siècle. À l'époque gothique, les architectes ouvrent d'immenses baies pouvant atteindre vingt mètres de haut. Dans ces baies viennent s'insérer des milliers de morceaux de verres colorés sertis dans du plomb et encadrés d'armatures de fer.

Ces grandes images de lumière racontent la bible et tiennent lieu de diaporama à une population illettrée. C'est l'époque des grandes cathédrales: Chartres, Paris, Reims.

Du XIVe au XVIIIe siècle, une suite d'événements amènent presque la disparition du vitrail.

Ce sont d'abord les Cisterciens qui s'opposent à la richesse excessive des églises et préconisent l'utilisation du verre blanc; plus tard, les réformes protestantes entraînent la disparition progressive de l'imagerie religieuse.

L'époque de Louis XIV se voulant le siècle de lumière élimine à son tour les verres de couleur. Enfin, la révolution française occasionnera la destruction de nombreux vitraux.

L'art de la peinture sur verre.

L'époque contemporaine

Malgré cette débâcle, certains verriers continuèrent à travailler. C'est le cas de Pierre Le Vieil qui publia en 1774 *L'art de la peinture sur verre*. Cet ouvrage résumait les connaissances de son temps sur le sujet. Cinquante ans plus tard, ce document fut à l'origine du renouveau du vitrail.

Malgré toutes ces années de noirceur, les pratiques anciennes ne cessèrent jamais entièrement en Angleterre et en Hollande. Au début du XIXe siècle se reconstituèrent des ateliers qui devinrent de plus en plus importants, se transformant parfois en véritables manufactures comprenant des maîtres, des compagnons, des apprentis et parfois même une centaine d'ouvriers.

Au début du XXe siècle, il y eut un renouveau du vitrail associé aux formes de l'Art Nouveau. Citons à cet effet les travaux de Morris en Angleterre, de Wyspianski en Pologne, de Mehofer en Suisse, de Tiffany et de Laffarge aux États-Unis, sans oublier les vitraux des architectes Horta à Bruxelles, Gaudi à Barcelone et Guimard à Paris.

À partir du milieu du XXe siècle, on peut déjà distinguer les créations de Matisse à Vence, de Léon Zak à Paris, de Léger, de Manessier et de Rouault en France et de Chagall à Jérusalem. En France, parallèlement à la réalisation de vitraux traditionnels, se développa aussi toute une gamme de techniques dérivées: la dalle de verre, le gemmail, les verres collés, les verres assemblés par des matières transparentes, etc. C'est cette dernière technique que Marcelle Ferron a utilisée pour réaliser la station de métro Champ-de-Mars et obtenir ce bain de lumière colorée. Depuis le début des années soixante-dix on assiste à une recrudescence du vitrail aux États-Unis. Ce phénomène est remarquable par l'intérêt qu'on manifeste aux petits vitraux destinés à l'habitation. La technique du ruban de cuivre est très largement répandue et le nombre de bricoleurs "hobbyistes" augmente constamment: il y en a plusieurs centaines de milliers aux États-Unis.

Chapitre II
L'atelier et le verre

L'atelier est un lieu de travail; il se doit donc d'être fonctionnel même si cela n'empêche pas d'en faire un lieu agréable. Il importe avant tout que chaque chose soit à sa place.

Le verre est un corps solide transparent et fragile résultant de la fusion d'un sable riche en silice mêlé de chaux et de carbonate de sodium ou de potassium.

Les verres utilisés dans le vitrail comprennent en plus des colorants, des produits (bois, végétaux, charbon) qui peuvent modifier la texture, ou certaines qualités spécifiques du verre.

Il importe de souligner que les peintres-verriers ont toujours été tributaires des verreries.

Les ateliers de soufflage du verre étaient situés surtout dans les bois (à proximité du combustible), tandis que les ateliers de vitrail se trouvaient plutôt dans les villes, à proximité des chantiers et de la clientèle.

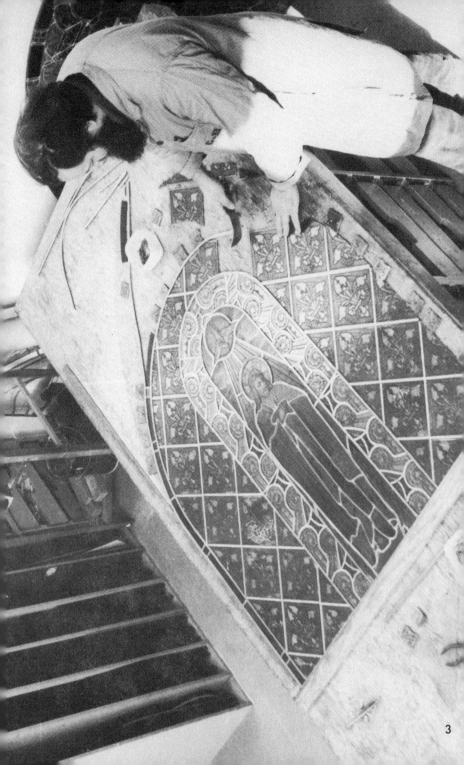

Voici les différents types de verre qu'on peut aujour-d'hui trouver sur le marché:

— les verres antiques
— les verres semi-antiques ou nouvel-antiques
— les culs de bouteille ou cives
— les dalles de verre
— les verres opales et opalescents
— les verres "cathédrale"
— les verres laminés de façon artisanale
— les verres moulés, pressés, ou biseautés
— les verres gravés et les verres givrés
— les verres industriels divers

I – L'atelier

La sécurité

Plusieurs produits utilisés lors de la fabrication d'un vitrail sont dangereux s'ils ne sont pas manipulés avec soin.

L'oxyde de plomb est un poison: ne portez pas les mains à votre bouche, lavez-vous les mains en sortant de l'atelier.

◀ Sertissage. Restauration des vitraux de Saint-Mathieu-de-Laprairie en 1979 par Les Ateliers Bettinger.

Une bonne ventilation est nécessaire lorsque vous soudez plusieurs heures consécutives et ceci à cause des vapeurs nocives.

Une hotte est essentielle si vous utilisez de l'acide fluorhydrique.

Manipulez avec soin les feuilles de verre. Utilisez vos deux mains.

Brossez régulièrement le dessus de votre table de coupe. N'y laissez pas d'éclats de verre qui pourraient vous occasionner des blessures aux mains.

Des souliers fermés éviteront des coupures.

Balayez le plancher régulièrement; ne laissez pas les débris de verre s'accumuler.

Gardez à l'abri les acides et les autres produits dans une armoire fermée.

N'encombrez pas vos tables: plus vous aurez d'ordre, moins vous courrez de dangers.

Ayez une trousse de premiers soins.

L'organisation générale

L'atelier de vitrail est un lieu meublé principalement de plusieurs tables ayant des fonctions différentes et spécifiques. Comme la plus grande partie du travail se fait debout, il importe que la hauteur des tables soit adéquate. Idéalement, ces tables devraient mesurer approximativement 84 cm de hauteur. Des espaces de rangement sont nécessaires pour les différents matériaux.

L'éclairage joue un rôle important: une grande fenêtre orientée vers le nord permet d'apprécier les diverses teintes du verre et leur juxtaposition, de même que l'effet du vitrail en transparence dans une lumière froide et neutre.

Il importe que l'atelier soit propre et rangé de façon à simplifier le travail et surtout à éviter des accidents.

Le mobilier

La table de sertissage doit être très solide; la surface nécessaire dépend du genre de travail à exécuter, une table de 1,20 m × 2,44 m fera l'affaire dans la plupart des cas. Le dessus sera fabriqué en peuplier de façon à permettre de planter et d'arracher facilement les clous. Si vous avez à manipuler de grands panneaux excédant 75 cm × 75 cm, il est bon de prévoir un dessus de table amovible, de façon à pouvoir lever ou coucher le vitrail. Sur cette table seront fixées des règles à angle droit servant à l'assemblage des différents éléments.

La table de coupe doit être assez plane et assez grande pour pouvoir y déposer la feuille de verre que vous utilisez: 1,20 m × 1,80 m est la dimension la plus pratique. Si vous travaillez avec des verres très irréguliers dans leur planitude vous pouvez recouvrir votre table d'un tapis conçu à cet effet; dans certains ateliers on utilise tout simplement une couverture. Il est bon d'installer à une extrémité de la table une règle en bois dur, de 2,5 cm $\times$ 5 cm $\times$ 1,20 m, et vissée à la table; cette règle vous permettra d'effectuer des coupes à angle droit.

La table de masticage et de nettoyage: la surface de cette table doit pouvoir recevoir les plus grands des panneaux que vous aurez à réaliser; 1,20 m $\times$ 1,80 m devrait suffire.

Sur chacun des trois côtés de cette table, des planches fixées horizontalement et formant une saillie de 10 cm permettent de retenir la poussière et la sciure de bois. C'est par le côté resté ouvert qu'on dépose ou relève le panneau.

Les tables accessoires: diverses autres tables sont également nécessaires: ainsi une table à dessin pour la réalisation des maquettes et une table d'agrandissement où l'on effectuera les dessins grandeur réelle et où l'on préparera patrons et gabarits.

Pour le dessin grandeur d'exécution un pan de mur dégagé convient très bien. On aura aussi besoin d'une table lumineuse pour le travail de la grisaille, du sel d'argent, etc., mais une vitre posée devant une fenêtre ou sur un chevalet est souvent préférable.

Les espaces de rangement

Les feuilles de verre sont rangées dans des casiers d'une hauteur de 120 cm et d'une profondeur identique. Les divisions verticales doivent être espacées de 15 cm. Le nombre de ces espaces varie   selon la quantité et les divers types de verres en stock. Des caisses de verre, ouvertes à l'avant, conviennent à cet usage.

Les retailles de verres sont placées dans des cases moins grandes; quant aux plus petits morceaux, ils sont rangés dans des tiroirs où on aura pris soin de les classer par couleur.

Le plomb est laissé dans ses caisses d'expédition. Si vous n'avez qu'une petite quantité de plomb, faites une caisse en bois de 15 cm $\times$ 15 cm $\times$ 2 m de dimension.

Les outils sont rangés dans un ou deux tiroirs.

Les autres accessoires

Le four est utilisé pour la cuisson de la grisaille, du sel d'argent et des émaux. Il doit être assez grand pour y placer un morceau de verre de 30 cm $\times$ 30 cm, et être assez bien isolé pour ne laisser échapper la chaleur que très lentement; un four à céramique convient très bien.

Les pinceaux, les blaireaux, les spatules, la grisaille et produits divers ainsi que les outils que vous n'utilisez qu'occasionnellement seront rangés dans une armoire. N'encombrez pas les tables, rangez vos instruments, ayez de l'ordre, vous gagnerez du temps et éviterez ainsi des accidents.

Les déchets proviennent généralement des débris de verre, des retailles de plomb ou de sources diverses.

Le plomb est totalement recyclable; il importe donc de le mettre dans un récipient à part.

Quant au verre, on peut s'en servir notamment pour fabriquer de la pâte de verre, de la grisaille et des émaux, mais on peut aussi simplement l'expédier à l'usine où il sera recyclé. Les débris de verre auront donc leur propre récipient. Enfin, les autres déchets seront placés ensemble dans un autre contenant.

L'organisation d'un petit atelier

Pour la réalisation d'un premier vitrail, il n'est pas nécessaire de s'installer de la façon décrite plus haut. Voici les choses absolument essentielles à l'organisation d'un petit atelier:

1. une table solide et plane (84 cm de haut.);
2. une fenêtre;
3. trois ou quatre cases pour le verre (1,50 m $\times$ 1,50 $\times$ 15 cm);
4. une feuille de verre épais (1 m $\times$ 1,50 m $\times$ 6 mm);
5. une feuille de contreplaqué (1,22 m $\times$ 1,22 m);
6. une petite armoire pour ranger les produits et les outils.

La table polyvalente

- servira à la réalisation de la maquette, du carton, des gabarits et à la coupe du verre;
- recouverte d'une feuille de verre épais, elle servira aussi

de surface où placer les morceaux de verre afin de les coller à la cire;

- recouverte d'une feuille de contreplaqué maintenue par des serres, elle servira également au sertissage;
- recouverte d'une feuille de polythène, elle servira finalement au masticage et au nettoyage.

La fenêtre permet d'évaluer en transparence les échantillons de verre et de choisir les couleurs. Une feuille de verre épais placée devant la fenêtre peut également tenir lieu de table lumineuse.

Attention: plus l'espace sera restreint, plus il sera important de bien ranger le matériel et de garder la table et le plancher propres.

II – Le verre

Il y a principalement deux sortes de verres utilisés en vitrail.

Les verres soufflés produits de façon artisanale sont irréguliers, très riches en textures, et en teintes; on les nomme "verre antique".

Les verres produits mécaniquement, laminés ou moulés, sont réguliers en teintes et en textures; le verre cathédrale et le verre industriel en sont les deux principaux types utilisés en atelier.

Les types de verre, leurs usages et leurs provenances

Le verre antique est le verre le plus utilisé en vitrail; il est disponible dans une très vaste gamme de teintes, de nuances et de textures: à Saint-Just-sur-Loire on en fabrique près de quatre mille variétés. Ce verre est obtenu par le soufflage d'une certaine quantité de pâte de verre; sous l'effet du souffle, une boule de verre en fusion s'allonge et s'étire; la forme qu'elle prendra est maîtrisée par les mouvements de balancier que le souffleur effectue jusqu'à ce que le manchon ainsi obtenu atteigne une forme oblongue d'un mètre de long et de 30 cm de diamètre. Après un refroidissement, le manchon et la calotte de cette grosse bouteille seront détachés; on ne conservera que le cylindre qui sera fendu, puis étalé sous l'effet de la chaleur et donnera enfin une feuille plane.

Notons que le verre antique peut être obtenu en plaqué: il s'agit dans ce cas de deux couches de verre superposées à l'étape des pâtes en fusion. La suite du procédé se déroule exactement comme ce que nous venons de décrire.

Il existe d'autres procédés de fabrication de verre antique, notamment le soufflage en plateaux qui semble être une méthode plus ancienne.

◀ Verre antique anglais, dit *streaky*.

Il existe aussi de beaux verres marbrés anglais, dit *streaky*, obtenus par le mélange de deux pâtes de verre en fusion.

Les verres Antiques allemands et français mesurent approximativement 60 cm × 75 cm.

Les verres craquelés sont obtenus par une brusque immersion dans l'eau (à peine une seconde) lors du soufflage.

Les verres anglais sont disponibles en feuilles de 40 cm × 50 cm, ils sont aussi plus épais que les autres verres antiques.

Les verres semi-antiques ou nouvel-antiques. Ces verres sont étirés. Il ont une structure ressemblant au verre antique, mais il sont fabriqués par des procédés mécaniques dans une gamme de couleurs très restreinte.

Les culs de bouteille ou cives. Les cives sont de petits plateaux de verre faits à la main et sont donc de diamètre et d'épaisseur variables. Il existe sur le marché des culs de bouteille moulés.

La dalle de verre. La dalle est une pièce de verre de 20 cm × 30 cm, et de 2,5 cm d'épaisseur. Ce procédé a été développé en France dans les années trente. La dalle permet de travailler le verre en facettes; elle est aujourd'hui fabriquée à plusieurs endroits en France, en Allemagne, en Angleterre et en Italie. Dans les verres de cette

◀ Dalle de verre, cives, verres à facettes, verres opalescents.

épaisseur, il faut mentionner les énormes feuilles de verre fabriquées par Boussois à Maubeuge, qui peuvent atteindre 3,70 m $\times$ 1,71 m en 22 mm d'épaisseur.

Les verres opales et opalescents. Il s'agit de verres d'une teinte laiteuse et blanchâtre. Ces verres ne sont pas transparents et en général, ils sont marbrés de deux ou plusieurs couleurs. Ils sont surtout utilisés dans la fabrication des lampes ou des panneaux décoratifs; parfois, en Amérique on les appelle verres Tiffany et en France, verres de Nancy. Cependant, ce vocable englobe une très vaste gamme de produits: depuis les très beaux verres fabriqués à l'époque de Gallé en France, ou de Tiffany aux États-Unis en passant par le verre allemand jusqu'au verre opalescent le plus ordinaire et bien souvent presque opaque qui offre très peu d'intérêt.

Le verre "cathédrale". Il s'agit d'un verre laminé industriellement, d'épaisseur et de texture uniforme. Les feuilles mesurent plus de trois mètres de haut.

Il est fabriqué dans une gamme d'une centaine de teintes et de quelques textures: il peut être martelé, arctique ou "cathédrale"; il peut aussi être bulleux (*Seedy*) et dans ce cas, il est souvent faussement appelé "Antique" ou *Seedy Antique*.

◀ *Divers types de verre:*
(seedy) laminé bulleux, verre sablé, verre "cathédrale", verre mécanique blanc, verre laminé à la main (*double rolled*), verre arctique.

Les verres "cathédrale" que nous pouvons trouver sur le marché local proviennent principalement d'Allemagne.

Les verres "cathédrale" américains — *granite, flemish, double rolled ou seedy antique* — sont beaucoup moins chers que le verre antique.

Les verres laminés de façon artisanale proviennent de petites fabriques de verres des États-Unis et du Canada (*Canadian Art Glass*).

Ces verres sont de qualité variable mais ils peuvent s'obtenir dans une gamme de couleurs et de nuances beaucoup plus vaste que celle que nous offrent les grandes industries de verre laminé.

Les verres moulés, pressés et biseautés. Il s'agit de petites formes en verre obtenues soit par moulage simple, soit par moulage sous pression et dont les facettes font jouer la lumière. Dans certains cas, il s'agit de verre biseauté, c'est-à-dire un verre épais qui a été taillé et dont la tranche a été meulée de façon à obtenir des facettes.

Les verres gravés et les verres givrés. Il s'agit de verre à vitre transparent dont la surface a été attaquée au jet de sable. Les verres nuancés obtenus de la sorte sont parfois utilisés en vitrail. Il en est de même pour les verres givrés dont la surface a été écaillée (voir ces procédés au chapitre IX).

Les verres industriels divers. Dans certains cas, il peut être intéressant d'utiliser certains verres industriels. Citons à cet effet:

- les verres cannelés, striés de lignes droites parallèles;
- les verres diamantés dont la surface est recouverte de petits prismes;
- les verres armés contenant un mince grillage métallique;
- les verres diffuseurs, opalins et uniformes;
- les verres fumés qui existent dans toute une gamme de gris, d'ambre, de verts, et de bronze.

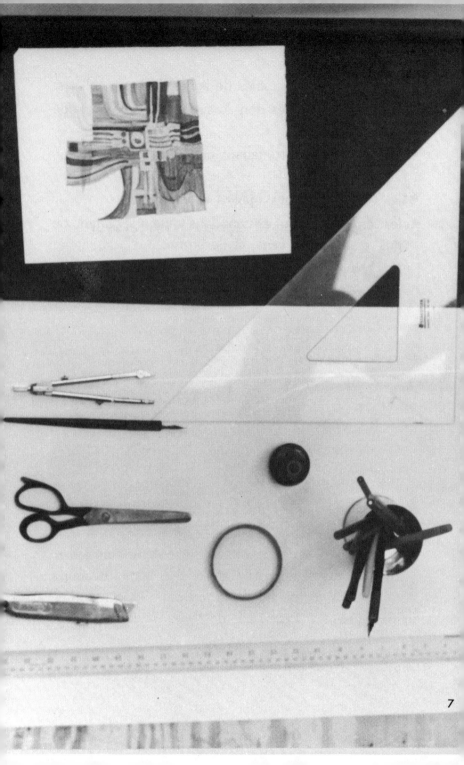

Chapitre III
Le travail préparatoire

I – Les outils

Pour la maquette

crayons, encre, gouache ou huile.

Pour le carton

crayons, règles, équerres, té, fusain, encre de Chine.

Pour le patron et les gabarits

papier carbone, crayons, règles, ciseaux à trois lames. (Il s'agit de ciseaux comportant trois lames: celle du milieu serrée sur les deux autres, découpe une mince bande de carton de 1,75 mm correspondant à l'épaisseur de l'âme du plomb).

◀ Les outils pour la maquette, le carton et les gabarits.

Les outils à fabriquer

Si vous ne disposez pas de ciseaux, prenez deux lames de rasoir et espacez-les avec un carton de 1,75 mm d'épaisseur, fixez le tout ensemble et recouvrez le tranchant d'un des côtés des lames afin de ne pas vous couper.

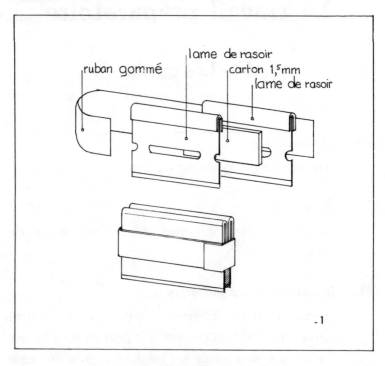

ruban gommé
lame de rasoir
carton 1,5mm
lame de rasoir

-1

II — Les préliminaires

Le vitrail est généralement conçu pour un lieu précis ayant des exigences propres.

Il importe de tenir compte de l'orientation, de l'éclairement, de la vue par la fenêtre, du rôle que jouera ce vitrail dans la pièce ou la salle pour laquelle il a été conçu, sans oublier la hauteur à laquelle il se trouve. Bien entendu, il faut prendre les dimensions exactes: la hauteur, la largeur, l'aplomb et le relevé précis des formes dans lesquelles le vitrail va s'insérer ainsi que le relevé des structures du mur de façon à connaître les possibilités d'ancrage de l'armature.

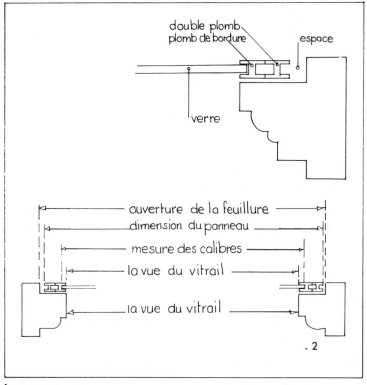

Les mesures.

La conception

Après avoir pris note de ces données de base on passe à *la conception* du vitrail proprement dit.

Lors de la conception, le verrier compose avec la lumière. Il l'oriente, l'atténue, la réchauffe, bref la modifie, de sorte qu'ensemble ils arrivent à s'apprivoiser. Il ne s'agit pas de masquer la lumière, mais de la faire jouer, ricocher, danser dans un volume. C'est une sculpture de lumière dans l'espace.

Il est préférable de travailler à la fois avec des lignes et des taches. Évitez de faire le coloriage d'un dessin linéaire.

Après avoir trouvé une composition générale, il s'agit de lui donner ses proportions exactes.

L'exécution

La maquette ne doit jamais être une simple échelle réduite du vitrail. C'est un point de départ, une orientation générale; chaque couleur sera définitivement choisie lors de la coupe. En général, la maquette est réalisée au 1/10e de la grandeur réelle.

Elle peut être exécutée à la gouache, à l'huile, ou avec tout médium avec lequel vous vous sentez à l'aise.

Le carton est un dessin grandeur nature (croquis 2), il ne comporte pas de couleur. Cependant, il permet de déterminer de façon précise le réseau de plomb, la dimension exacte des panneaux et l'emplacement des vergettes.

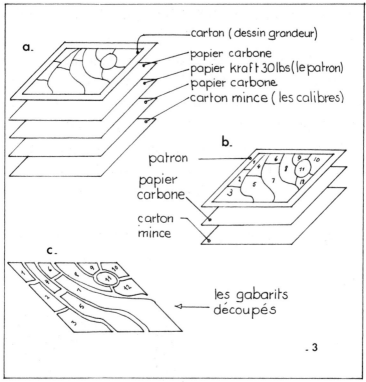

Les patrons et les gabarits.

Sur ce carton on indiquera les traits à faire à la grisaille. Bien entendu, chaque changement de couleur implique une ligne de plomb.

Il importe de bien vérifier à cette étape si les formes dessinées sont réalisables.

Le patron d'assemblage et les gabarits. Les lignes représentant le réseau de plomb sur le carton sont par la suite transférées, grâce à deux feuilles de papier carbone: a) sur un papier Kraft 30 lb, et b) sur un carton mince.

On obtient ainsi deux exemplaires identiques du dessin grandeur, sans toutefois, les indications de la grisaille: la copie en papier sera utilisée comme patron d'assemblage et celle en carton servira à la fabrication des gabarits.

Après avoir enlevé le carton et le premier papier carbone, on numérote tous les morceaux du puzzle ainsi obtenu, afin de pouvoir retrouver facilement leur emplacement (croquis 3).

Les gabarits ou calibres sont obtenus en découpant l'exemplaire en carton à l'aide de ciseaux à trois lames. (photo 7a)

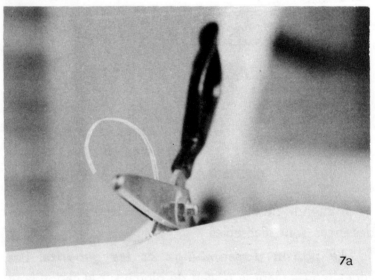

7a

Découpage des calibres: les ciseaux éliminent une bande de la largeur de l'âme du plomb.

Chapitre IV
La coupe du verre

Le verre à proprement parler ne se coupe pas. Il est en un premier temps rayé. Cette rayure va occasionner une casse lorsqu'une pression s'exercera à la main ou à l'aide d'une pince.

Autrefois, les verriers se servaient d'un fer rouge pour casser le verre en suivant le trait du dessin préalablement mouillé avec de la salive.

Le fer rouge sert aujourd'hui encore pour refendre les cylindres de verre pendant la fabrication du verre antique.

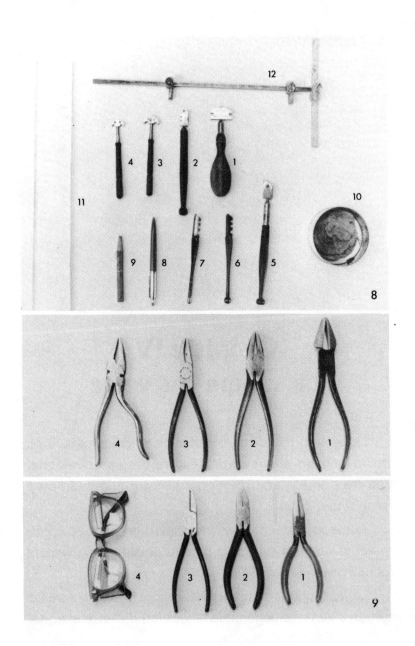

Les outils à rayer le verre

1 — diamant anglais pour coupe droite
2 — diamant anglais à tête pivotante
3-4 — diamants français
5 — molette (roulette en tungstène)
6 — molette avec marteline intégrée
7 — molette (roulette en acier)
8 — diamant marqueur
9 — crayon gras
10 — huile à lampe
11 — règle en plexiglass
12 — équerre règlable

Les outils à détacher le verre

1 — pince à détacher, (25 mm de largeur)
2 — pince à détacher, (12 mm de largeur)
3 — pince à détacher, pour petites pièces (10 mm de largeur)
4 — pince à détacher de fabrication artisanale (5 mm de largeur)

Les outils à rectifier le verre

1 — pince à gruger de fabrication allemande
2 — pince à gruger de fabrication artisanale
3 — pince à gruger de fabrication américaine
4 — lunettes protectrices

◀ Les outils à rayer le verre.
◀ Les outils à détacher et à rectifier le verre.

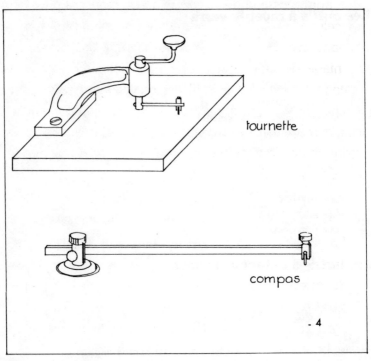

tournette

compas

- 4

Tournette et compas.

I – Les outils

Les outils à rayer le verre

Le diamant est le seul instrument accepté pour couper le verre dans les ateliers européens, la molette étant réservée à la vitrerie quoiqu'elle soit très souvent utilisée en Angleterre.

L'apprentissage de la coupe au diamant est plus long que celui à la molette; s'il demande une main plus sûre, le diamant est par contre pratiquement inusable et il a l'avantage de faire une coupe plus nette. Son coût est cependant assez élevé et il est relativement rare sur le marché local où l'on ne trouve qu'un diamant anglais pour la coupe du verre commercial. Ce diamant épais est pratiquement inutilisable en vitrail à cause de la dimension de sa tête.

La molette est un "coupe-vitre" ordinaire composé d'un manche en métal et d'une roulette en acier.

La molette a l'avantage d'être facile à utiliser; très maniable, elle peut-être utilisée dans le sens avant ou arrière et elle est beaucoup moins cher que le diamant. De plus, les dents qui ornent sa tête peuvent servir de pince à gruger et son extrémité est quelquefois munie d'une petite boule de métal servant de marteline.

Les molettes qui ont un manche de bois ou de plastique et qui comptent plusieurs roulettes interchangeables placées à leur tête sont à proscrire. Cette tête rendue énorme ne permet pas de voir le travail exécuté.

Les molettes à roulettes de tungstène sont beaucoup plus durables et elles sont efficaces pour certains verres durs, notamment les opalescents.

La meilleure molette est la plus simple; lorsqu'elle est usée, jetez-la. L'aiguisage donne rarement de bons résultats bien que plusieurs vieux vitriers usent leurs molettes jusqu'à l'axe.

Les outils à détacher le verre

La marteline est un petit marteau en métal dont on se sert pour fêler le verre là où il a été rayé. La marteline française a la forme d'un petit marteau effilé; le tapper anglais est constitué de deux petites boules de bronze situées à chaque extrémité d'une petite tige d'acier de 12 cm de long.

La pince à détacher sert à maintenir puis à casser le verre le long de la ligne de coupe. Elle peut être de différentes formes, mais elle doit tenir le verre sur toute sa largeur; son point de contact avec le verre doit se faire sur la surface la plus étroite et le plus rapprochée possible de la ligne de coupe.

Les outils à rectifier le verre

La pince à gruger sert à rectifier la forme; on l'utilise pour enlever les éclats et les pointes non désirés. Elle doit être faite de fer détrempé pour ne pas provoquer de fêlures.

Une règle est nécessaire pour couper en ligne droite. Une règle vissée à la table de coupe ainsi qu'une équerre vous permettront de faire des angles droits.

Pour découper des cercles, il existe des tournettes et des compas. (croquis 4)

La fabrication artisanale des outils
pour couper le verre

La pince à détacher

Il est souvent bien utile d'avoir des pinces à détacher de différentes largeurs. Voici comment fabriquer des pinces à détacher à partir de pinces ordinaires:

a) on doit d'abord détremper le métal. À cet effet, faites rougir le fer, puis placez la pince dans un four chauffé à 300°C; fermez alors le four et laissez-le refroidir graduellement pendant plusieurs heures;

b) limez ensuite la partie coupe-fils;

c) incurvez la partie inférieure de la mâchoire à l'aide d'un marteau, d'un étau, et d'une barre de fer;

d) limez les dents de la mâchoire supérieure;

e) à l'aide d'une lime, rectifiez la mâchoire inférieure afin qu'elle soit parallèle à la mâchoire supérieure vue de l'avant;

f) limez enfin le nez des deux mâchoires afin que leur point de contact se fasse sur une ligne.

La pince à gruger

a) détrempez une paire de pinces ordinaire;

b) limez la partie coupe-fils;

c) limez les fines dents des mâchoires.

Si après le détrempage vos pinces s'ouvrent mal, saupoudrez du graphite aux points de friction.

La marteline

a) prenez un rayon de bicyclette;

b) avec du ruban-cache, fabriquez la forme d'un canot de 3 cm de long $\times$ 1,5 cm de large;

c) faites fondre de l'étain dans la forme et insérez-y le rayon;

d) limez à la dimension désirée.

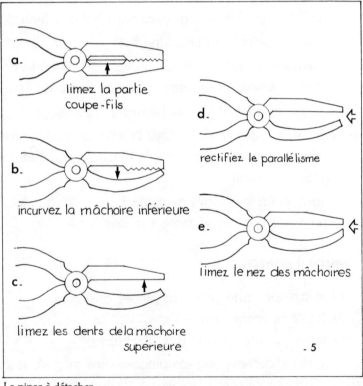

a. limez la partie coupe-fils

b. incurvez la mâchoire inférieure

c. limez les dents de la mâchoire supérieure

d. rectifiez le parallélisme

e. limez le nez des mâchoires

- 5

La pince à détacher.

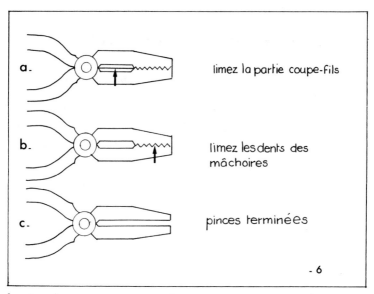

a. limez la partie coupe-fils

b. limez les dents des mâchoires

c. pinces terminées

- 6

La pince à gruger.

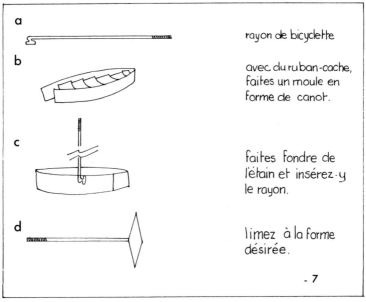

a rayon de bicyclette

b avec du ruban-cache, faites un moule en forme de canot.

c faites fondre de l'étain et insérez-y le rayon.

d limez à la forme désirée.

- 7

La marteline.

51

II – La coupe du verre

Couper le verre est une opération simple si vous tenez compte de ce qui suit!

1. Assurez-vous que la surface du verre est propre; essuyez toujours le verre avant de le couper.

2. Maintenez la molette à la verticale, la roulette doit former un angle droit avec la surface à couper. (croquis 8)

3. Maintenez fermement la tête de la molette entre le pouce, l'index et le côté du majeur; le manche de la molette se trouve entre l'index et le majeur. Tracez la ligne sans hésitation. Considérez la roulette comme le prolongement de votre index. Huilez régulièrement votre molette; à cet effet, trempez-la dans de l'huile à lampe. Si vous pratiquez ceci pendant ¾ d'heure, vous saurez bien couper le verre. (photo 10)

Pour couper une longue ligne droite, servez-vous d'une règle; rayez le verre avec votre molette puis, en soulevant légèrement la feuille, glissez la règle sous la ligne de coupe: une légère pression fera casser le verre. (croquis 9) A cet effet, vous pouvez aussi utiliser un crayon ou le manche du coupe-vitre. Plus tard, vous pourrez utiliser le côté de la table de coupe. (Après avoir rayé le verre, déplacez la feuille jusqu'à ce que la rayure coïncide avec le bord de la table, une légère pression vers le bas détachera le verre). (croquis 10)

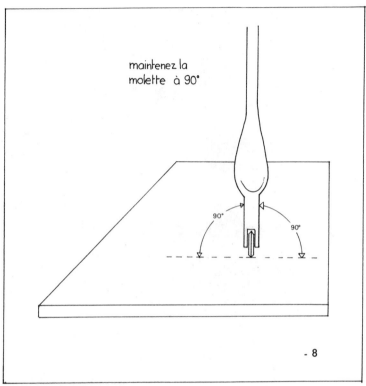

maintenez la molette à 90°

90° 90°

- 8

La position de la molette.

De façon générale les formes les plus difficiles à couper sont les courbes intérieures, et les angles intérieurs. Si vous avez à découper une forme complexe, commencez toujours par la partie la plus difficile.

Les diverses façons de détacher une coupe

Après avoir fait la rayure, et si les deux côtés de la coupe sont assez larges, maintenez fermement le verre

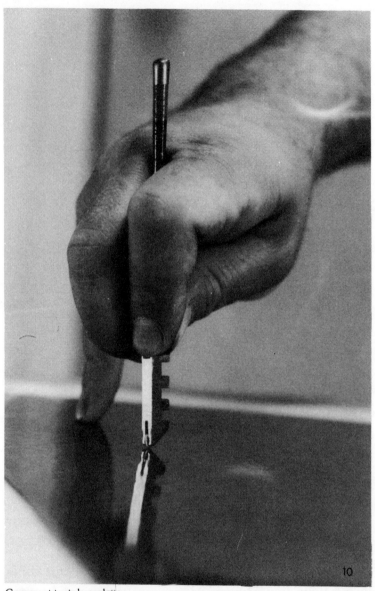

Comment tenir la molette.

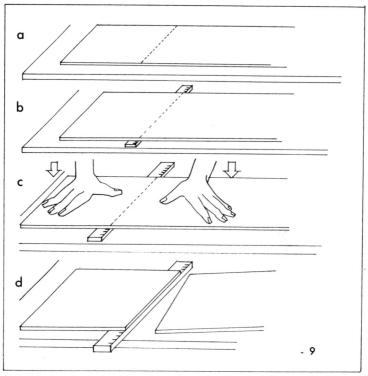

Comment détacher le verre à l'aide d'une règle.

entre le pouce et l'index replié de chaque main. En appuyant les phalanges des majeurs l'une contre l'autre, vous exercerez une pression qui détachera les deux morceaux de votre coupe. (photo 12)

Si l'un des deux côtés est trop petit, maintenez le côté le plus grand entre le pouce et l'index replié et de l'autre main, servez-vous de la pince à détacher. (photo 11)

Si les deux côtés sont trop petits pour être maintenus, utilisez deux pinces à détacher.

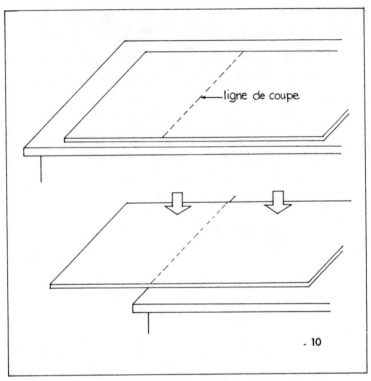

ligne de coupe

- 10

Comment détacher le verre à l'aide de la table de coupe.

Si le morceau de verre est fragile, placez une pièce de tissu entre le verre et la pince à détacher. Si la forme de la coupe comprend des courbes et des contre-courbes, utilisez la marteline: frappez légèrement par en-dessous, le long de la ligne de coupe. Vous pouvez aussi vous servir du manche du coupe-vitre.

Certaines formes sont difficiles à couper et ne présentent pas de ligne précise de faiblesse, mais plutôt, toute une zone de fragilité. C'est principalement le cas des courbes intérieures. Il s'agit alors de procéder par coupes successives en partant d'une ligne légèrement incurvée et en continuant par petites coupes de plus en plus incurvées. (croquis 11, 12)

Dans certains cas il est préférable de n'utiliser que la pince à gruger et de grignoter tranquillement le verre jusqu'à la ligne de coupe.

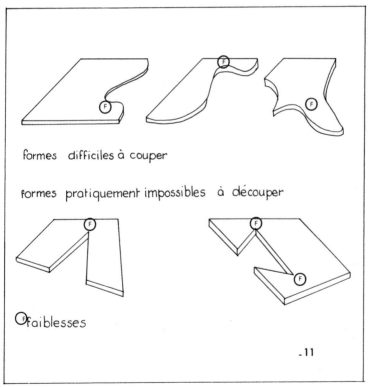

formes difficiles à couper

formes pratiquement impossibles à découper

faiblesses

-11

Coupes difficiles.

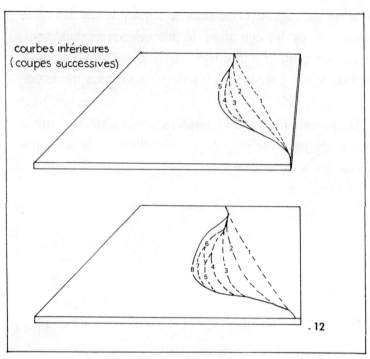

courbes intérieures
(coupes successives)

5 4 3 2 1

6 2 1
7 4 3
8 5

- 12

Coupes successives.

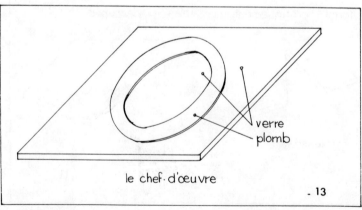

verre
plomb

le chef·d'œuvre

- 13

Le chef-d'oeuvre.

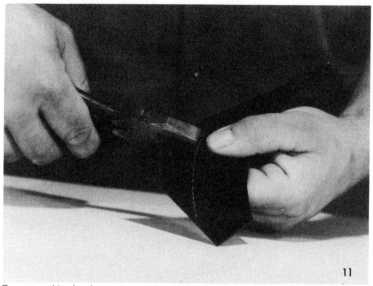

Comment détacher le verre avec une pince.

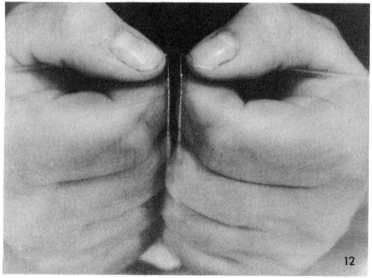

Comment détacher le verre à la main.

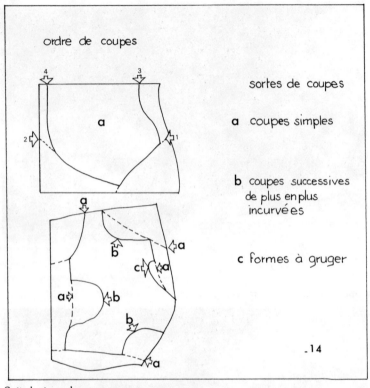

ordre de coupes

sortes de coupes

a coupes simples

b coupes successives
de plus en plus
incurvées

c formes à gruger

-14

Suite logique des coupes.

La difficulté suprême de la coupe reste le "Chef d'oeuvre" qui était au Moyen-Âge une des épreuves pour accéder à la maîtrise.

Cette épreuve consistait à sertir dans du plomb une pièce de verre au centre d'une autre sans risque de faiblesse, bien sûr (croquis 13).

Vous êtes maintenant prêt à utiliser vos gabarits.

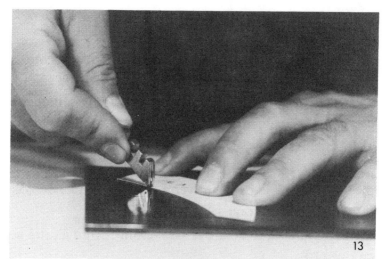

Comment découper en suivant le gabarit.

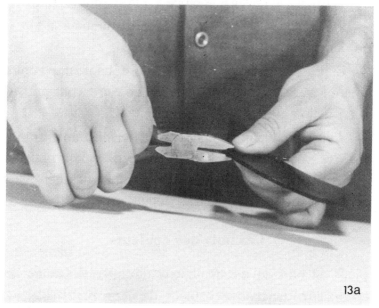

Comment gruger le verre pour le rectifier.

Choisissez la couleur de verre correspondant à la maquette.

Placez votre gabarit sur le morceau de verre, découpez une partie correspondant approximativement à la surface nécessaire, puis faites suivre la molette sur le bord du gabarit en le maintenant en place de l'autre main (photo 13).

Attention, le verre doit toujours être coupé du côté le plus lisse. Dans le cas d'un verre plaqué, coupez du côté du verre épais (croquis 21).

La rayure faite, détachez en suivant l'ordre illustré au croquis 14.

Terminez le travail à la pince à gruger (photo 13 a).

Il faut que la pièce de verre soit identique à la forme de votre gabarit.

Enlevez les arêtes tranchantes en frottant l'une contre l'autre les arêtes de deux morceaux de verre; vous pouvez aussi utiliser une pierre d'émeri.

Je conseille aux débutants d'utiliser des lunettes protectrices pour gruger le verre, tout spécialement pour les verres opalescents. Ne laissez pas traîner des débris de verre sur le plancher, balayez régulièrement.

Le choix des couleurs

Il est bon de placer en vue devant une fenêtre un échantillon de chaque couleur de verre disponible: cet échantillonnage s'appelle la palette.

Le choix du verre s'effectue au fur et à mesure de la coupe, en suivant l'orientation générale de la maquette.

La première gamme de couleurs choisie, le verre est taillé selon les calibres puis les pièces sont disposées à leur emplacement respectif sur une feuille de verre épais, sous laquelle le patron a été placé comme guide.

Une goutte de cire à chaque intersection maintiendra les pièces de verre en place (croquis 15).

À intervalles réguliers, relevez la feuille de verre, cette opération vous permettra de voir en transparence l'état et la progression de votre travail et vous aidera à déterminer le choix subséquent des couleurs.

À cette étape-ci, il est important de ne pas précipiter votre travail. Il faut savoir que l'effet du verre en transparence change selon les heures du jour de même que certaines couleurs, une fois exposées à la lumière, ont tendance à détruire l'effet des teintes avoisinantes.

Afin de procéder aisément au choix des couleurs, on peut utiliser une table transparente qui permettra de voir rapidement, et sans déplacement, l'effet d'une nouvelle couleur dans la composition.

Cette table peut être fabriquée d'un dessus en verre épais; un miroir est alors placé à 45° sous la table de façon à capter la lumière de la fenêtre et à la projeter vers le haut. On obtient ainsi un effet de transparence dans une lumière naturelle sans avoir eu à fixer les pièces de verre, la table étant à plat (croquis 16).

Les assemblages temporaires

Ces assemblages sont nécessaires d'abord pour vérifier le bon agencement des couleurs, ensuite pour peindre la grisaille et pour déterminer la largeur exacte des plombs.

Chez les anglo-saxons, tout ce travail se fait sur une feuille de verre épais où les diverses pièces du vitrail ont été fixées avec de la cire. Le graphisme des plombs est

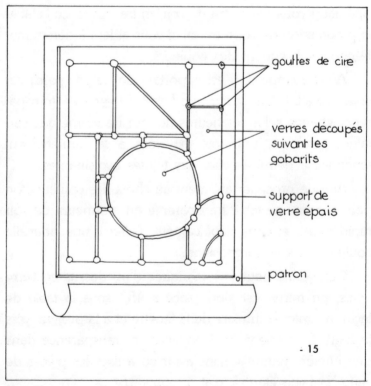

gouttes de cire

verres découpés suivant les gabarits

support de verre épais

patron

- 15

Assemblage temporaire.

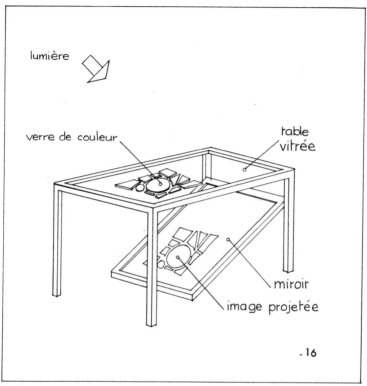

lumière

verre de couleur

table
vitrée

miroir

image projetée

- 16

Table transparente.

alors tracé à la peinture noire à l'endos de la feuille de verre.

En France et en Allemagne, les pièces de verre sont assemblées lors d'un sertissage provisoire dans des plombs à ailes étroites avant l'application de la grisaille.

Chapitre V
La peinture sur verre
(altération du verre)

Dans le langage des artisans du verre, l'expression "peinture sur verre" a, depuis le Xe siècle, désigné l'altération du verre. Le *vitripictor* latin, le *glassmaller* allemand, le *peintre-verrier* français altéraient le verre plutôt qu'ils ne le peignaient. Aujourd'hui, il existe aussi des techniques d'application de peinture sur le verre. C'est pourquoi on préfère désormais distinguer les deux techniques par des appellations différentes.

L'altération du verre consiste à modifier sa translucidité, c'est-à-dire à faire ressortir la lumière ou à atténuer les ombres dans un morceau de verre déjà teint dans la masse. Pour ce faire, le verrier utilise la grisaille; par ailleurs, s'il veut teinter le verre en jaune ou en orangé, il se servira de sel d'argent; mais s'il veut obtenir une mince couche de verre qui modifiera la couleur originale d'une pièce, il apprendra à se servir des émaux.

Enfin, pour creuser la partie la plus mince d'un verre plaqué, le verrier utilise l'acide fluorhydrique, des meules fines ou encore, le burin.

I — L'altération par addition et cuisson

Les outils

On peut inventer plusieurs variantes de ces outils, selon les effets que l'on voudra créer.

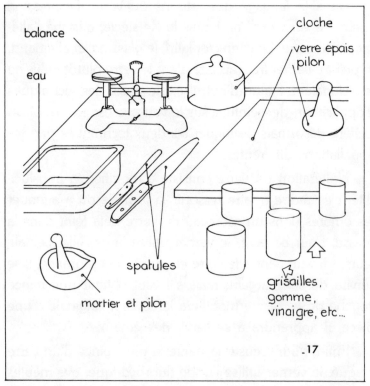

Les outils pour la préparation de la grisaille.

- des brosses pour gratter et frotter la grisaille;
- une plume d'oie afin d'obtenir de fins dégradés;
- toute une panoplie de petites brosses, de grattoirs et d'épingles qui permettront de travailler les textures et les modelés.

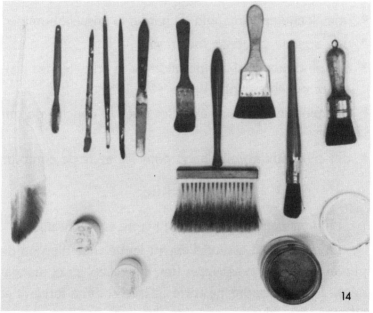

14

Les outils pour l'application de la grisaille.

Pour la préparation de la grisaille

- une balance pour mesurer avec précision la quantité des produits;
- une plaque de verre épais (30 cm $\times$ 30 cm) servant de mortier;

- un pilon à base plate;
- des spatules (croquis 17).

Pour l'utilisation de la grisaille

- un morceau de verre à vitre (30 cm $\times$ 30 cm) qui tient lieu de palette;
- une cloche en verre, afin de garder la grisaille humide;
- une spatule pour les mélanges;
- des pinceaux pour l'application de la grisaille, des blaireaux ou ébouriffoirs;
- des pinceaux servant à uniformiser la couche de grisaille;
- des pinceaux à poils longs pour les traits de contour;

La grisaille

La principale "peinture" pour verre est la grisaille.

La grisaille est essentiellement le mélange d'un ou de plusieurs oxydes métalliques (fer, cuivre, cobalt et manganèse) à de la poudre de verre utilisée comme fondant et effectué dans des proportions diverses.

Les recettes de grisaille varient d'un atelier à l'autre. Des grisailles déjà préparées sont vendues dans plusieurs pays, tels les États-Unis, l'Angleterre et l'Allemagne. On pourrait croire que la grisaille est un émail, cependant, si on respecte le procédé, on incorpore à la structure même du verre cette nouvelle couleur. Il s'agit de peindre avec du verre dans le verre.

Voici à titre d'exemple une recette de grisaille du Moyen Âge, "La couleur avec laquelle on peint le verre."

Prends du cuivre battu très fin et brûle-le dans une petite poêle de fer jusqu'à ce qu'il soit réduit en poudre. Prends de petits morceaux de verre vert et de saphir grec et broie-les séparément entre deux pierres de porphyre. Mêle ces ingrédients de façon qu'il y ait un tiers de chacun dans le mélange. Broie soigneusement le tout sur la même pierre avec du vin ou de l'urine.

Le verre vert est utilisé comme fondant et le saphyr grec est un carbonate de cuivre.

Le sel d'argent

L'utilisation du sel d'argent pour teinter le verre en profondeur est la technique traditionnelle, connue depuis le début du XIVe siècle.

La teinture ainsi obtenue varie du jaune à l'orangé, selon les compositions. Il s'agit d'un chlorure d'argent mêlé à de l'ocre jaune. Le sulfure peut être employé au lieu du chlorure.

Voici une recette ancienne de sel d'argent.

"Broyez de la limaille d'argent fin de Venise et mélangez-la en aussi petites quantités que possible à la tempera, au blanc d'oeuf avec un peu d'ocre."

Comme pour la grisaille, l'effet obtenu dépend en bonne partie de la composition de la feuille de verre sur laquelle le travail est effectué.

Si le verre est riche en fondants sodiques ou potassiques, le résultat sera meilleur.

Couleur de carnation — ou Jean Cousin

Il s'agit d'une teinture plus superficielle que le sel d'argent qui donne au verre une couleur chair, d'où son nom "carnation".

Voici une recette de Pierre le Vieil, dans "L'art de la peinture sur verre", 1774:

Utilisez une roche colorée naturellement par le fer, la plus tendre, celle dont on fait la sanguine à brunir ou crayon rouge. Broyez et mélangez à de l'eau, laissez reposer dans un verre à boire dont le fond soit en pointe.

Au bout de quelques jours, versez l'eau de décantation dans un vase sans profondeur pour l'évaporer au soleil ou sur le feu.

Les écailles d'une couleur rouge-brun serviront à réchauffer les nus d'une légère teinte.

Les émaux pour verre

Il s'agit des poudres de verre fondant à basse température; bien qu'ils furent utilisés au XVIIIe siècle en Angleterre, les émaux n'ont jamais par la suite connus de grande vogue. Ils servaient surtout à imiter la peinture, mais après un siècle bien des émaux se sont écaillés.

Il existe aujourd'hui de très bons émaux pour le verre, cependant il demeure que l'émail diminue souvent la riche qualité du support en opacifiant le verre.

La préparation de la grisaille

La grisaille est conservée en poudre; pour être utilisée, elle demande donc une préparation.

Il s'agit de mélanger un médium à cette poudre. La qualité de la peinture et sa malléabilité dépendront presque uniquement du dosage. Afin que les couches subséquentes ne dissolvent pas la première, on utilisera des médiums différents à chaque couche:

soit de la térébenthine;

soit de la gomme arabique au vinaigre et à l'eau;

soit de la gomme arabique et de l'eau;

soit de l'eau pure.

Sur une palette (un morceau de verre épais de 1 cm et de 30 cm $\times$ 30 cm), déposez une certaine quantité de poudre puis ajoutez le médium désiré et mélangez à l'aide d'une spatule.

Lorsque le mélange a la consistance d'une crème fouettée, utilisez le pilon à base plate pour broyer la pâte. Si vous sentez que votre pâte contient de petits grains durs, utilisez un mortier et un pilon ordinaires puis revenez à la palette et continuez le broyage.

(Dans les grands ateliers, il y a une centaine d'années, les apprentis passaient des jours à broyer une petite quantité de grisaille car la finesse du modelé dépend de cette étape).

Lorsque le mélange est lisse et homogène il est prêt à être utilisé.

L'application de la grisaille

La peinture à la grisaille se fait en plusieurs étapes, mais les étapes sont parfois inversées d'un pays à l'autre. De façon générale on fonctionne en trois temps, utilisant le procédé du Moyen Âge:

> *une grisaille pour les traits opaques;*
> *une demi-teinte délayée sur toute la surface, puis brossée en partie;*
> *une couche très fine pour les modulations.*

La technique la plus répandue consiste à recouvrir toute la surface du vitrail puis, lorsqu'elle est sèche, de graver, de brosser la lumière.

Selon sa composition, la grisaille peut être noire, grise ou brune, même verdâtre ou rougeâtre et plus ou moins opaque.

Un travail complexe peut exiger plusieurs modelés successifs, voire plusieurs cuissons.

Le sel d'argent et la couleur carnation s'utilisent généralement à l'envers du vitrail (face externe), alors que la grisaille s'applique sur la face interne.

15

Grisailles et sel d'argent du début du XXe siècle.

15a

Grisailles du début du XIXe siècle avec Jean Cousin, gravure, et émail.

La grisaille: tête XXe siècle (Max Ingrand).

La grisaille: tête XVe siècle.

La cuisson

Le four utilisé est semblable à un four à céramique.

Pour enfourner le verre on se sert d'une plaque de fer ou d'un matériau réfractaire.

Un plâtre déshydraté est tamisé et aplani sur cette plaque, puis les pièces de verre peintes et bien séchées sont déposées sur ce lit de plâtre qui doit être très plat afin d'éviter toute déformation du verre (croquis 18).

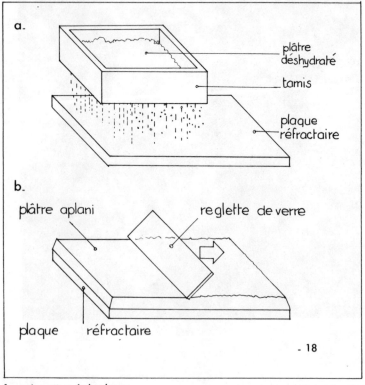

La préparation de la plaque.

Une autre couche de plâtre est saupoudrée puis aplanie de façon qu'on puisse disposer un autre rang de pièces de verre, et ainsi de suite (croquis 18 bis).

Par la suite, ces plaques sont étagées au four (croquis 19).

Une température de 600°C est nécessaire à l'incorporation de différents éléments. Cette température varie cependant selon la composition du verre utilisé. Une tem-

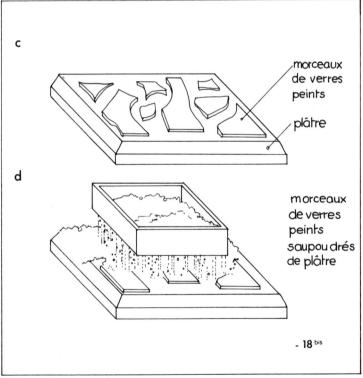

c

morceaux
de verres
peints

plâtre

d

morceaux
de verres
peints
saupoudrés
de plâtre

- 18 bis

Disposition des pièces de verre peint.

pérature supérieure peut être nécessaire. La couleur de la matière en fusion est plus révélatrice que le pyromètre.

Il est très important de refroidir le verre graduellement après une cuisson: une vingtaine d'heures est l'idéal. N'ouvrez pas la porte du four si la température excède 150°C.

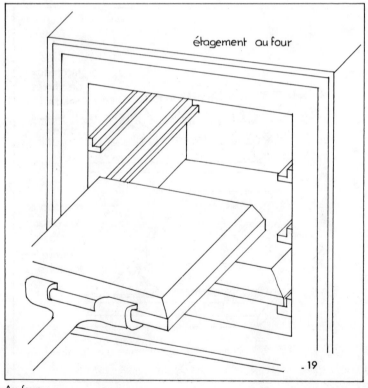

Au four.

II – La gravure à l'acide

Attention

Cette technique est dangereuse si vous n'observez pas strictement les normes de sécurité. Trop de livres traitant de vitrail abordent cette technique sans explication suffisante et deviennent par ce fait dangereux.

L'installation doit comprendre une hotte expulsant les vapeurs à l'extérieur et de l'eau courante (croquis 20).

Pour faire ce travail, il est nécessaire de porter des gants et un tablier de caoutchouc. Si vous portez des verres, munissez-vous de lunettes protectrices en matière plastique. Évitez d'inspirer les vapeurs. Si de l'acide vous éclabousse, lavez-vous à grande eau immédiatement. Gardez le robinet ouvert pendant le travail. Ayez du bicarbonate de soude à proximité: mélangé à l'eau, le bicarbonate neutralise l'action de l'acide.

Pour diluer votre acide **versez-le dans l'eau**, jamais le contraire.

Comment se servir de l'acide

Il s'agit d'un procédé de réserve utilisé sur un verre plaqué. Le verre plaqué est composé de deux couches de verre d'épaisseur différente. La plus épaisse des couches est appelée surface de support: elle est claire ou légèrement teintée. La plus mince, appelée "émail", est fortement teintée; c'est elle que l'acide va attaquer plus ou moins profondément de façon à obtenir un dégradé qui pourrait aller jusqu'à la disparition de l'émail (croquis 21).

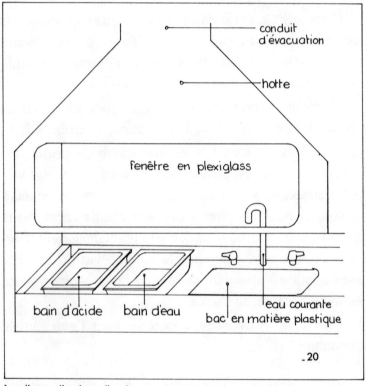

Installation d'un bain d'acide.

La surface arrière du verre de même que toutes les parties devant rester intactes doivent être recouvertes d'une matière bitumineuse (asphalte) de façon à empê-

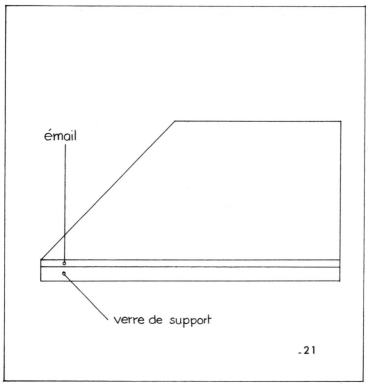

émail

verre de support

-21

Le verre plaqué.

cher l'attaque de l'acide. Faites spécialement attention à la tranche. Immergez ensuite le morceau de verre dans un bain d'acide fluorhydrique dilué à 20%, (allez-y délicatement). Ce pourcentage variera selon l'effet désiré et l'épaisseur de la couche à graver (croquis 22, 23).

De façon à avoir une gravure uniforme, frottez légèrement la surface du verre avec un pinceau de soies souples, ou encore, avec une plume d'oie.

Pour faire un dessin, on peut utiliser un papier contact bien collé à la surface du verre; découpez à l'aide d'un couteau "exacto" les parties que vous désirez graver (croquis 24).

Si vous désirez un dégradé: après avoir caché les parties qui doivent rester intactes et après avoir mouillé la surface du verre, appliquez de l'acide à l'aide d'un pinceau (brosse) et frottez légèrement; immergez votre morceau de verre dans un récipient d'eau afin d'arrêter l'action de l'acide (croquis 25).

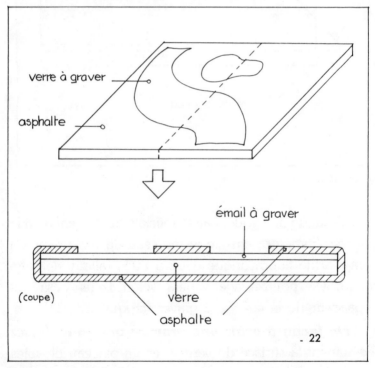

Utilisation de l'asphalte.

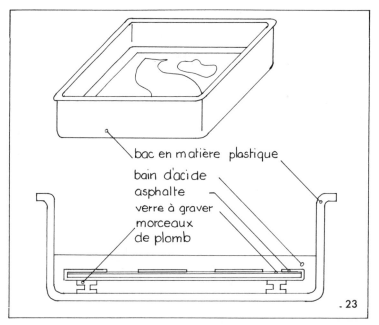

bac en matière plastique

bain d'acide
asphalte
verre à graver
morceaux
de plomb

- 23

Le bain d'acide.

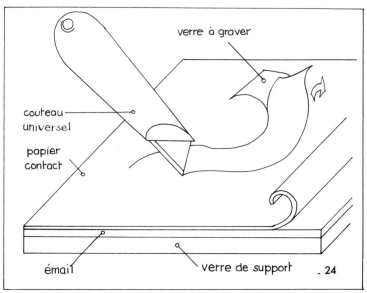

verre à graver

couteau
universel

papier
contact

émail

verre de support

- 24

Utilisation du papier cache.

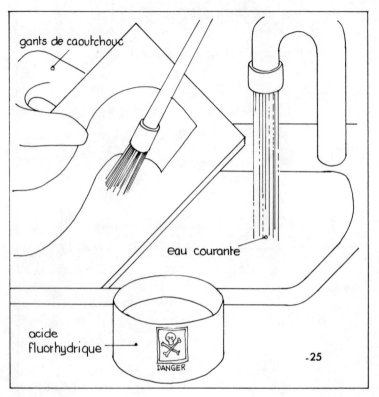

gants de caoutchouc

eau courante

acide fluorhydrique

DANGER

-25

Les dégradés.

Chapitre VI
Le sertissage

Nous voici prêt à assembler les pièces de verre.

La mise en plomb consiste à encastrer chacune des pièces de verre dans des baguettes de plomb préparées à cette fin.

17

Le sertissage.

I – Les outils

1 — le couteau à plomb
2 — la pierre à aiguiser
3-4 — les marteaux à sertir
5 — l'ouvre-plomb
6 — les réglettes d'assemblage
7 — les cales de bois
8 — les clous pour maintenir les cales et les règles
9 — quelques échantillons de plomb
10 — la brosse d'établi

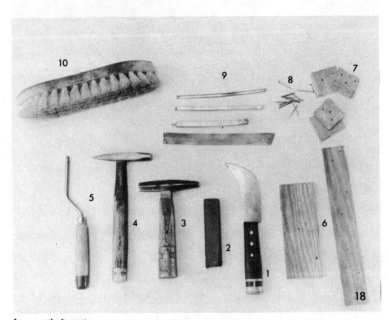

Les outils à sertir.

Les outils à fabriquer

Le couteau à plomb

1. Utilisez un couteau à linoléum, arrondissez le tranchant à l'aide d'une lime, puis aiguisez la courbe extérieure (croquis 26).
2. Vous pouvez aussi utiliser un couteau à palette: coupez la lame à 5 cm du manche et aiguisez (croquis 26).

Comment fabriquer un embout en plomb pour le couteau ou le marteau

1. Autour du manche, à 1 cm de son extrémité, gravez une gorge de 4 mm de profondeur et de 4 mm de largeur.
2. Reliez par une gorge transversale pratiquée de chaque côté, jusqu'au bout du manche.
3. Enroulez du papier collant autour du manche en prenant garde de ne pas le coller au fond de la gorge; suivez dans votre travail la forme générale du manche et dépassez son extrémité de deux centimètres.
4. Coulez un mélange de plomb et d'étain dans le moule ainsi formé.
5. Une fois ce mélange refroidi, enlevez le papier col-

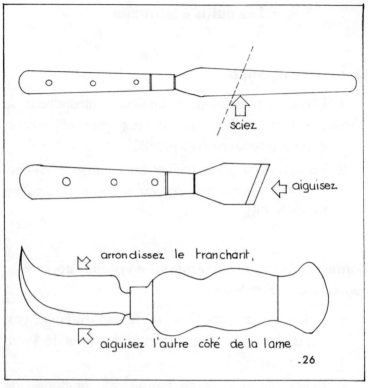

Comment fabriquer un couteau à plomb.

lant et égalisez la forme au papier d'émeri (croquis 27).

Le couteau à plomb sert à tailler les baguettes de plomb; il se doit d'être bien aiguisé; les formes des couteaux varient suivant les pays.

En France, on se sert d'un couteau à palette (à palette de peintre) taillé et affûté. La plupart des verriers européens fabriquent leur propre couteau selon leur

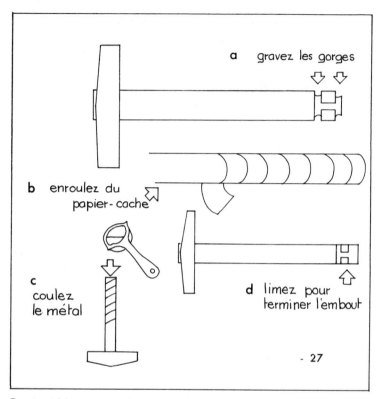

a gravez les gorges

b enroulez du papier-cache

c coulez le métal

d limez pour terminer l'embout

- 27

Comment fabriquer un embout.

besoin. Le couteau allemand est très courbe; on en trouve sur le marché du Québec. Sur le marché américain, il existe aussi un "lead cutter", sorte de cisaille qui a l'avantage de ne pas écraser le plomb.

Le marteau sert à planter les clous qui maintiendront en place les parties du vitrail. Il ne doit pas être trop encombrant, c'est pourquoi on utilise souvent un petit marteau à broquette. Il est parfois commode de raccourcir le manche en en garnissant l'extrémité de plomb. Il pourra alors servir à pousser à fond les pièces de verre sans risque de casse.

Les règles d'assemblage et les cales sont faites de bois dur. D'une largeur de 4 cm, elles sont biseautées d'un côté.

Le plomb

Le plomb est obtenu par le moulage d'une forme grossière qui présente en coupe le dessin d'un "H"; cette forme est par la suite étirée à froid lors de deux ou trois passages successifs dans le laminoir, ce qui lui donnera sa forme définitive (croquis 28, 29).

Le plomb vendu au Canada et aux États-Unis est très souvent obtenu par extrusion; ce procédé est plus rapide mais il confère au plomb une rigidité d'autant plus grande qu'une quantité variable d'antimoine entre dans sa composition. L'usage de plomb pur est préférable, quoiqu'une faible quantité d'étain (5%) ne nuit pas à la malléabilité du plomb.

Les déchets de plomb et les vieux plombs provenant de vitraux restaurés sont fondus pour en faire de nouveaux.

Le plomb à vitrail se compose d'une partie centrale, appelée âme ou coeur. Cette partie a une largeur de 1,5 mm; de chaque côté de cette âme, il y a deux ailes formant une rainure dans laquelle viennent s'enchâsser les

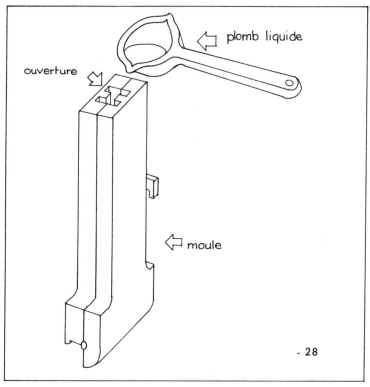

ouverture

plomb liquide

moule

- 28

Un moule pour le plomb.

pièces de verre. Les ailes peuvent être de largeurs variables ce qui donnera des lignes opaques de différentes largeurs (croquis 30).

Le plomb fabriqué par extrusion ou par laminage est produit en barres d'environ 1,80 m de longueur et de 4 mm à 30 mm de largeur.

Avant d'utiliser le plomb, il faut l'étirer (photo 20). Il existe à cette fin plusieurs formes d'étaux. Cependant,

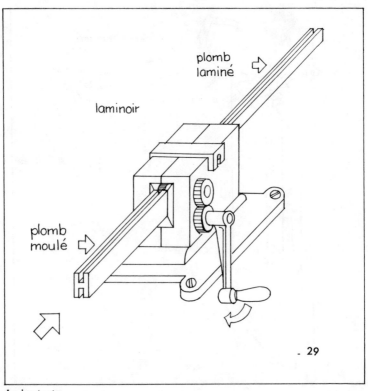

plomb
laminé

laminoir

plomb
moulé

- 29

Le laminoir.

dans les ateliers français, le sertisseur utilise son talon pour maintenir une des extrémités de la baguette de plomb qu'il tirera ensuite vers le haut, à la main.

Si vous utilisez un étau: insérez-y une des extrémités du rail de plomb, puis maintenez et tirez l'autre extrémité à l'aide d'une paire de pince (croquis 31).

Cet étirement a pour but de raidir le plomb et d'obtenir une ligne parfaitement droite.

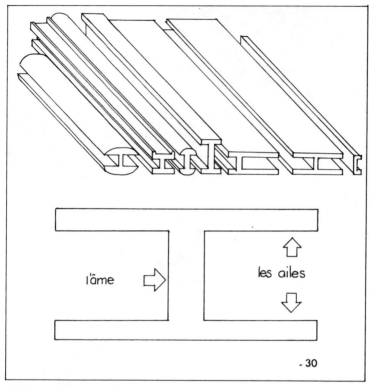

L'âme et les ailes du plomb.

Attention: n'étirez pas trop le plomb: 2 ou 3 cm suffisent.

Les ailes du plomb ont tendance à se refermer sous l'effet de l'étirement. Aussi faut-il ouvrir le plomb par la suite. Cette opération s'effectue grâce à un ouvre-plomb constitué d'une règlette de bois, ou d'une tige de métal que l'on glisse le long de la rainure de façon à écarter les ailes (photo 19).

Comment étirer le plomb.

Comment ouvrir le plomb.

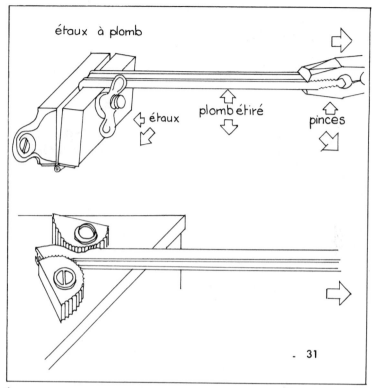

étaux à plomb

étaux

plomb étiré

pinces

- 31

Étaux à plomb.

II – La mise en plomb

Le sertissage

Cette opération se fait à plat sur une table de bois tendre où l'on cloue en bordure et à angles droits, les règles d'assemblage, le côté biseauté vers l'intérieur.

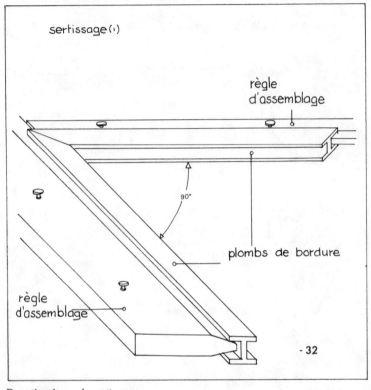

sertissage⁽¹⁾

règle
d'assemblage

90°

plombs de bordure

règle
d'assemblage

- 32

Première étape du sertissage.

Deux rails de plomb, l'un pour la longueur et l'autre pour la largeur, sont placés le long de ces règles (croquis 32).

Une première pièce de verre est alors introduite dans les rainures du plomb: elle doit être bien en place. Une autre baguette de plomb est aussitôt placée sur un des côtés libres de la première pièce où un deuxième verre est par la suite enchâssé, puis un plomb, etc. (cro-

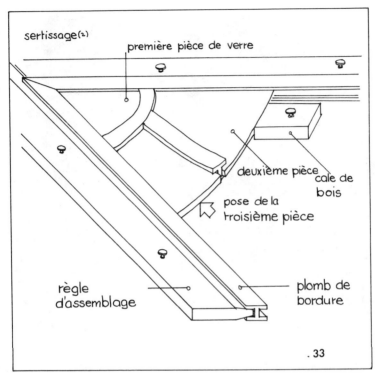

sertissage(2)

première pièce de verre

deuxième pièce

cale de bois

pose de la troisième pièce

règle d'assemblage

plomb de bordure

. 33

Deuxième étape du sertissage.

quis 33). Une même baguette de plomb peut maintenir plusieurs morceaux de verre.

Si le panneau de vitrail est très complexe, on peut le sertir directement sur le patron; sinon, il suffit de le garder à vue afin de vérifier la progression de l'assemblage à l'aide d'une règle.

Chaque fois qu'une nouvelle pièce de verre est mise en place, il faut la maintenir à l'aide de clous ou de cales de bois clouées à la table.

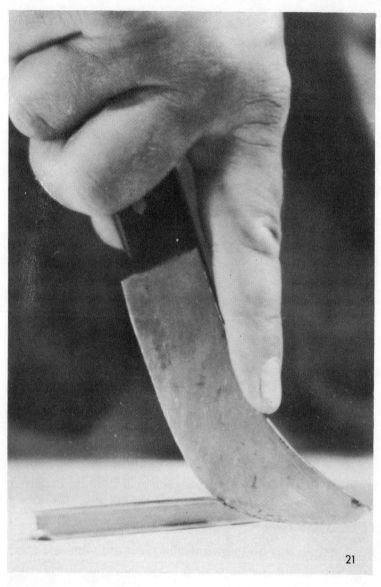

21

Comment couper le plomb.

Ce détail est important car l'ensemble des pièces ne doit pas se déplacer lorsqu'une nouvelle pièce est introduite.

Il est important de bien vérifier si la largeur de chaque baguette de plomb correspond au graphisme désiré.

Dans le cas de formes compliquées on peut donner au plomb la forme désirée, avant de le poser en place.

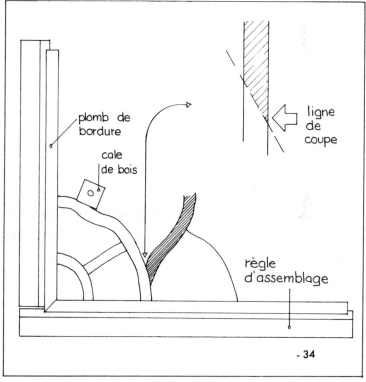

plomb de bordure

cale de bois

ligne de coupe

règle d'assemblage

- 34

La coupe du plomb selon le point de jonction.

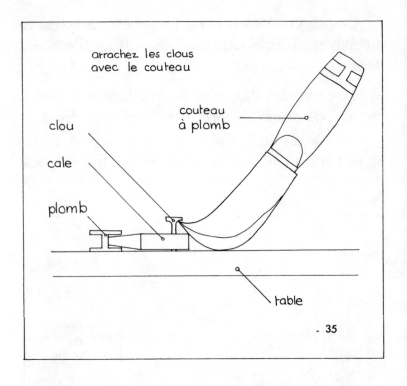

arrachez les clous
avec le couteau

clou

cale

plomb

couteau
à plomb

table

- 35

À l'époque où on faisait beaucoup de vitreries avec des volutes et des cercles, les sertisseurs utilisaient des cônes en bois autour desquels ils enroulaient les plombs formant ainsi des cercles plus ou moins grands suivant la partie du cône utilisée.

Une fois étirée, la baguette de plomb est droite: évitez de la tordre ou même de la plier si peu soit-il.

Effectuez des coupures nettes; pour ce faire, utilisez un couteau bien aiguisé. Évitez d'écraser le plomb (photo 21).

Coupez les plombs suivant l'angle à leurs points de jonction (croquis 34).

N'enfoncez pas trop profondément les clous: vous devez pouvoir les arracher avec le dessus de la lame recourbée du couteau à plomb (croquis 35).

Lorsque tous les morceaux de verre sont en place, rajoutez un deuxième plomb autour du vitrail. Bien entendu, ce détail doit être prévu au tout début du travail; cette opération n'est pas nécessaire si votre vitrail est plus petit que 40 cm $\times$ 40 cm.

La soudure

La soudure est un alliage de plomb et d'étain, en proportions variables; cependant, pour la plupart des usages, 60% d'étain et 40% de plomb conviennent très bien.

Pour améliorer la qualité d'adhérence et pour permettre à la soudure de bien s'étaler, on enduit les surfaces à souder de stéarine ou d'oléine. L'acide oléique est parfois préférable, cependant, il faut éviter les soudures contenant de l'acide, de la résine, etc., car leurs résidus se nettoient très mal.

Vous pouvez vous procurer de la soudure 60/40 sans résine en petites quantités, ou encore, vous pouvez fabriquer vous-même vos baguettes de soudure: faites le mélange de plomb et d'étain en proportions désirées; coulez dans un fer angle de 1,5 m de long, incliné à 45°. La soudure se refroidira au contact du fer et figera en donnant des tiges de longueurs et d'épaisseurs variables (croquis 36).

Comment souder

À chaque point de jonction, on effectue une soudure en forme de croix. Cette soudure peut être effectuée avec

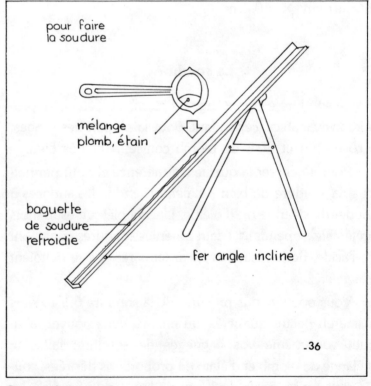

pour faire
la soudure

mélange
plomb, étain

baguette
de soudure
refroidie

fer angle incliné

-36

Comment faire sa soudure.

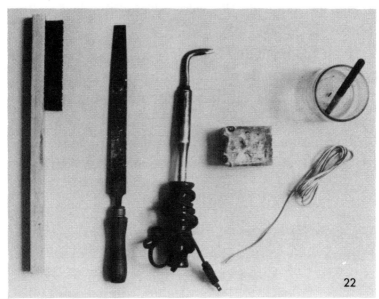

Les outils à souder.

Les outils à souder

1 — fer à souder (90 watts)
2 — acide oléique
3 — pierre à souder (pour nettoyer le fer à souder)
4 — brosse de fer (pour nettoyer le fer à souder)
5 — lime

un fer à gaz ou un fer électrique. Dans plusieurs ateliers français et allemands, les fers à souder sont au gaz: la température est donc mieux contrôlée. Cependant, un fer à souder électrique de 90 watts est plus simple à utiliser (photos 22, 22a).

Il est important que la soudure coule bien. Si le fer est trop chaud, le rail de plomb fondra et vous obtiendrez un trou, s'il est trop froid, la soudure ne sera que superficielle.

La soudure terminée sur la première face, le panneau est retourné et l'autre face est soudée à son tour.

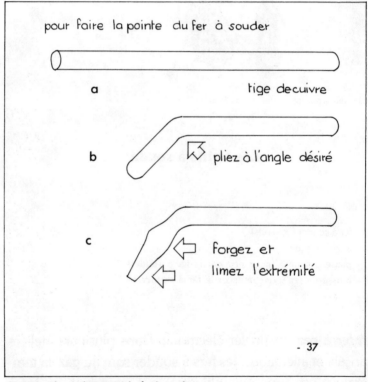

Comment forger la pointe du fer à souder.

Les outils à fabriquer

La tête du fer à souder doit convenir au travail. Utilisez une tige de cuivre. Sciez-la à la longueur désirée et pliez-la à 130° pour en faciliter l'usage. Forgez et limez l'extrémité (croquis 37).

Pour fermer le plomb, servez-vous d'une réglette de bois dur et poli. Autrefois les verriers se servaient d'un os.

La soudure.

Chapitre VII
La finition

Il faut maintenant tout consolider, rendre le travail étanche et présentable.

La manipulation

Cette étape du travail est très délicate car le panneau n'a pas encore toute sa rigidité. Il importe donc de bien suivre ce processus:

a) glissez le vitrail près du bord de la table en tenant d'une main le haut du panneau et de l'autre, le bas;

b) tout en maintenant le panneau à plat, glissez-le et débordez la table de la moitié de la surface du panneau;

c) puis d'un mouvement rapide, abaissez le bas et relevez le haut du panneau simultanément, en le basculant sur le bord de la table;

d) votre panneau est alors à la verticale. Procédez inversement pour le coucher sur la table (croquis 38).

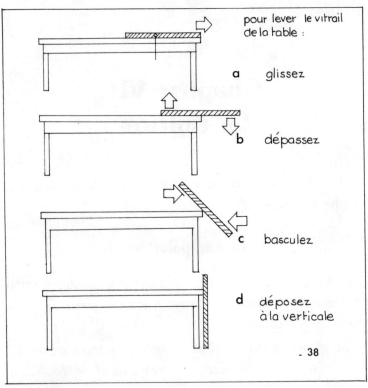

pour lever le vitrail
de la table :

a   glissez

b   dépassez

c   basculez

d   déposez
     à la verticale

_ 38

Comment manipuler le panneau.

Le masticage

Le panneau de vitrail étant soudé, il s'agit dès lors de s'assurer de son étanchéité et de sa rigidité. Pour ce faire, on enduit le vitrail d'un mastic semi-liquide composé de poudre de craie, d'huile de lin et de siccatif. Une brosse

Le masticage. ▶

23

permet de forcer le mastic dans les ailes du plomb (photo 23).

Le panneau est ensuite recouvert de sciure de bois. La sciure absorbera une bonne partie de l'huile de lin restée en surface et le surplus de mastic pourra être brossé.

Afin d'enfermer le mastic, les ailes du plomb sont ensuite rabattues à l'aide d'une spatule de bois poli (photo 23a) et (croquis 39).

Le nettoyage

Cette opération se fait en recouvrant une seconde fois la surface du panneau de sciure de bois, (il est préférable d'utiliser de la sciure de bois dur: érable ou chêne). À l'aide d'une bonne brosse, on frotte la sciure de bois, jusqu'à ce que le plomb devienne brillant (photo 24).

Du blanc d'Espagne peut être utilisé si le mastic a tendance à couler.

L'étamage, la peinture, l'acide

La finition est faite différemment selon les pays. En Angleterre, par exemple, les plombs sont peints en noir; en Suisse, les vitraux sont parfois étamés: la surface complète des plombs est alors recouverte d'étain. Grâce à un acide, on peut aussi modifier la couleur du plomb (gris, noir ou cuivre). En Allemagne et en France, les plombs sont nettoyés et restent tels quels. La patine vient avec le temps.

23a

Après un premier nettoyage les ailes du plomb sont rabattues.

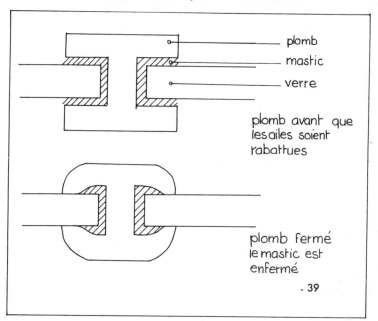

plomb
mastic
verre

plomb avant que les ailes soient rabattues

plomb fermé le mastic est enfermé

- 39

Chapitre VIII
L'installation

On entend par installation, le système de fixations temporaires ou définitives d'un panneau ou d'un ensemble de panneaux au lieu pour lequel il a été conçu.

La pose

En général, au Québec, les vitraux sont installés dans la feuillure d'un cadre de bois d'une fenêtre ou d'une porte.

Il faut prévoir un certain jeu de façon que le vitrail et le cadre puissent "travailler". Pour un panneau de 1m $\times$ 1m, un jeu de 5 mm tout autour devrait suffire. L'espace inférieur est assuré par de petits morceaux de bois placés à la rencontre d'un plomb et du plomb de bordure. Il importe donc d'avoir prévu cet espace au tout début du travail (croquis 40). De petits clous sont ensuite plantés parallèlement et le plus près possible du vitrail de façon à le maintenir en place.

◀ Le nettoyage.

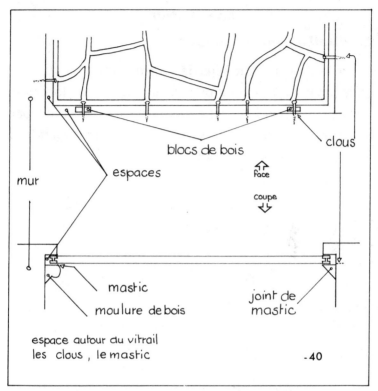

espace autour du vitrail
les clous, le mastic

-40

Pose de panneau simple.

Il nous reste ensuite à mastiquer le contour du vitrail. Dans plusieurs cas il est préférable de recouvrir le joint de mastic d'une moulure de bois (photo 25).

◀ La pose.

117

La structure

Le vitrail à panneau unique

Si le vitrail mesure plus de 75 cm, soit en hauteur soit en largeur, il importe de prévoir une tige de renfort; pour une porte, cependant, cette structure est nécessaire à partir de 50 cm² de surface. Cette tige appelée vergette* ne doit en aucun cas être soudée au vitrail.

---

* Vergette: tige de fer d'un diamètre variant de 8 mm à 1 cm, selon la largeur du vitrail.

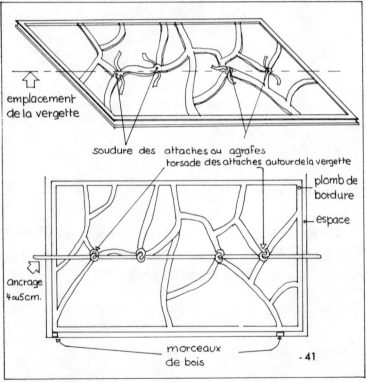

Alignement des attaches.

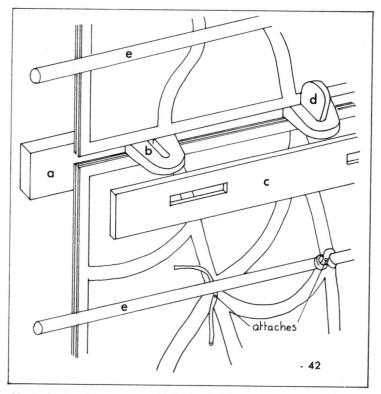

a) La barlotière; b) le panneton; c) le feuillard; d) la clavette; e) les vergettes.

Des agrafes de plomb ou de cuivre seront soudées aux intersections des plombs du vitrail, alignées par rapport à la tige de renfort — ou vergette — qui à son tour sera ancrée dans la feuillure avant que les agrafes n'y soient fixées (croquis 41).

Le vitrail à panneaux multiples

On pose d'abord les barlotières (A) à la hauteur commandée par la dimension des panneaux (ces barlotières seront ancrées dans la maçonnerie ou dans la structure du mur). Les panneaux de vitrail sont ensuite déposés sur les pannetons* (B) et le vitrail est cloué (s'il s'agit d'une feuillure de bois) et mastiqué. Enfin le feuillard (C) vient refermer le joint des deux panneaux où il sera lui-même

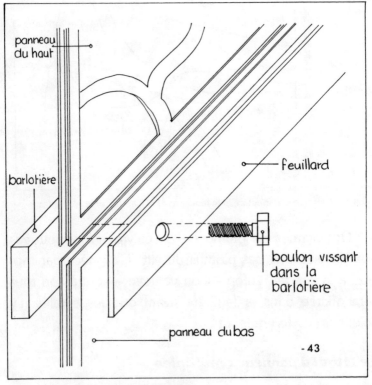

panneau du haut

barlotière

feuillard

boulon vissant dans la barlotière

panneau du bas

- 43

*Le panneton peut être remplacé par un boulon.

maintenu en place par les clavettes (D).

On pose alors les vergettes (E). (croquis 42)

La manipulation, le transport
et l'empaquetage

Le panneau de vitrail doit toujours être transporté à la verticale. Il est important de l'indiquer clairement sur les caisses d'expédition.

En prévision du transport, construisez une caisse solide. Les côtés peuvent être en contreplaqué de 2 cm d'épaisseur, mais utilisez un madrier de 5 cm d'épais pour les autres surfaces.

Il ne doit y avoir aucun jeu dans les caisses. Calez et coussinez le fond avec de la filasse.

Sur les côtés, glissez du carton *tentest* ou des panneaux d'isolant *styrofoam*. Une fois que les panneaux de vitrail sont dans la caisse côte à côte, remplissez les interstices avec de la filasse ou de la laine minérale; recouvrez-en aussi le dessus des panneaux d'une épaisseur d'au moins 10 cm, bien pressée. Puis clouez le couvercle de la caisse.

Indiquez clairement *fragile, haut et bas*, sans oublier évidemment l'adresse du destinataire (croquis 44).

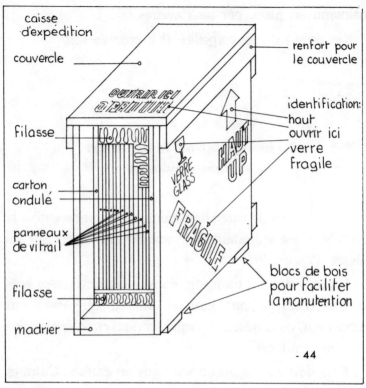

caisse d'expédition

couvercle

renfort pour le couvercle

Filasse

identification:
haut
ouvrir ici
verre
fragile

carton ondulé

panneaux de vitrail

filasse

blocs de bois pour faciliter la manutention

madrier

- 44

L'expédition.

L'exposition

Il est rare que l'exposition d'un vitrail ne pose pas de problèmes, car peu de salles d'exposition bénéficient de grandes fenêtres. Aussi, faut-il bien souvent se contenter d'un éclairage artificiel.

Si le graphisme et les jeux même du verre (facettes, textures) dominent la conception, on peut simplement suspendre le vitrail au plafond: l'éclairage ambiant sera alors suffisant (croquis 45).

Cependant, si la couleur et le travail de grisaille sont des éléments dominants du vitrail, il devient nécessaire d'utiliser un système de cache. La meilleure solution consiste à utiliser une grande surface où l'on percera des fenêtres dans lesquelles viendront s'insérer les vitraux. L'éclairage sera obtenu par le réfléchissement sur une sur-

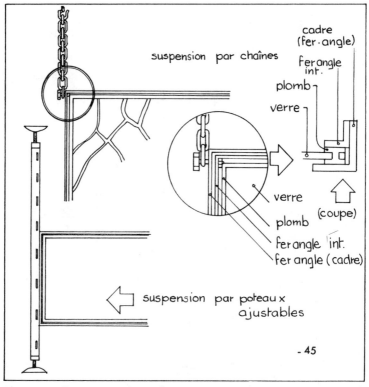

Suspension d'un panneau de vitrail.

123

face blanche de la lumière d'un nombre suffisant d'ampoules ou de tubes fluorescents (croquis 46).

Attention: les ampoules incandescentes font jaunir les couleurs tandis que les tubes fluorescents les bleuissent; essayez donc de doser leur distribution.

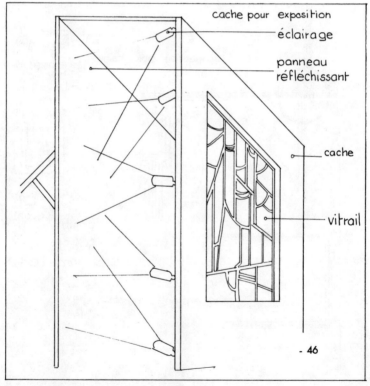

Une cache pour l'exposition d'un vitrail.

Chapitre IX
Les techniques dérivées

La dalle de verre

L'usage de la dalle de verre est actuellement très répandu en Europe; sa facture se prête bien à l'emploi en architecture.

La dalle la plus utilisée mesure 20 cm $\times$ 30 cm et compte 2,5 cm d'épaisseur. Elle est fabriquée en France, en Allemagne, aux États-Unis et en Angleterre, dans une très vaste gamme de couleurs.

Certains artisans cependant, les trouvent trop monotones et fabriquent eux-mêmes des dalles d'épaisseurs, de textures, de nuances et de dimensions différentes. C'est le cas d'Albertini dans la région parisienne. D'autres encore, tels que les verriers de l'atelier de M. Job Guével, fabriquent à leur convenance le verre dont ils se servent. Une fois taillé, ce verre est assemblé dans du plâtre, du ciment ou de la colle époxyde. Le joint entre deux surfaces de verre n'est plus marqué par une ligne mais bien par une surface qui peut varier à l'infini. Cette surface, quant à elle, peut être texturée et modulée par l'addition d'éléments divers tels que sable, poussière de marbre ou gravier. Après avoir fait les patrons d'après la maquette, le dessin est calqué sur un carton mince afin de déterminer la forme des verres ainsi que des espaces noirs (béton ou époxyde).

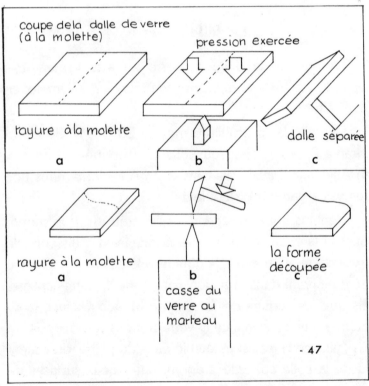

La coupe à la molette.

Ensuite, les gabarits sont découpés à l'aide d'un couteau exacto, puis la dalle de verre est coupée selon la forme du gabarit. Voici les deux méthodes principales de coupe de la dalle:

1) après avoir fait une rayure à la molette, la pièce est cassée par une pression exercée sur un ciseau à froid pointant vers le haut et fixé dans une bûche de bois (croquis 47);

ou:

2) ayant placé le gabarit sur la dalle et le maintenant d'une main, le verrier frappe avec sa marteline directement sur le pourtour du gabarit (croquis 48).

La marteline est un petit marteau auquel a été soudée une lame de tungstène ou de carbure.

Pour exécuter ce travail, il est important de porter des gants et des lunettes protectrices.

Grâce à la marteline, on peut faire éclater la surface du verre en facettes, ce qui rendra les jeux de lumière encore plus intéressants (croquis 49).

L'assemblage peut se faire au ciment ou à l'époxyde. Utilisez une table de la grandeur du panneau à réaliser. Placez-y le patron et recouvrez-le d'une feuille de plexiglas. Installez autour du patron un cadre de bois de 5 cm $\times$ 5 cm et fixez-le à la table avec des serres. Ensuite, enduisez la surface de plexiglas et le cadre de bois de "vaseline" afin que le ciment ou l'époxyde n'y adhère pas (croquis 50).

Placez vos morceaux de verre taillés selon le patron. Remplissez à mi-hauteur les interstices entre les pièces de verre avec du sable, (faites attention de ne pas déplacer vos verres). Ensuite, on coule l'époxyde préalablement préparé et on remplit les interstices jusqu'en haut.

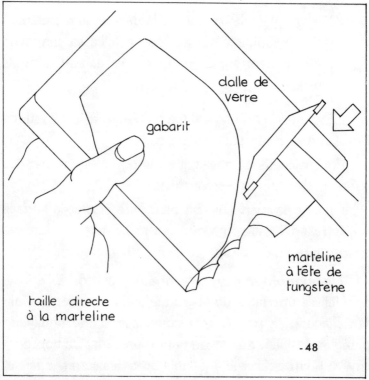

- 48

La taille à la marteline.

128

La résine étant durcie, renversez le panneau et remplissez les interstices sur l'autre face (croquis 51). Si vous utilisez du ciment, il est important d'intégrer des structures métalliques dans les interstices (croquis 52).

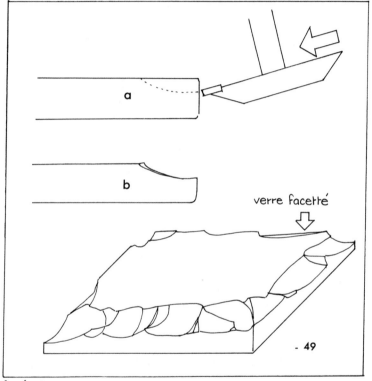

a

b

verre facetté

- 49

Les facettes.

Le ruban de cuivre

Cette technique remonte à la fin du XIXe siècle. Elle fut d'abord utilisée pour la fabrication des lampes "Tiffany".

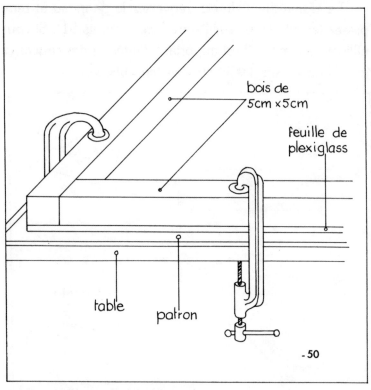

bois de 5cm × 5cm

feuille de plexiglass

table

patron

- 50

La table d'assemblage pour la dalle de verre.

Les principaux avantages de cette technique sont les suivants:

- l'étroitesse relative des lignes marquant la rencontre de deux pièces de verre permettant l'utilisation de plus petits morceaux;

- l'apprentissage de la technique étant beaucoup plus simple, elle est facilement accessible aux étudiants;

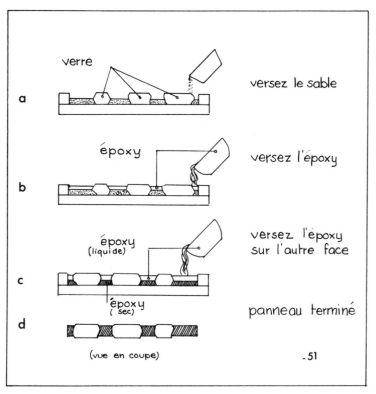

a   verre   versez le sable

b   époxy   versez l'époxy

c   époxy (liquide)   versez l'époxy sur l'autre face

d   époxy (sec)   panneau terminé

(vue en coupe)   -51

L'assemblage à l'époxyde.

- le poids du panneau de vitrail ou de la lampe est moindre que si l'assemblage avait été réalisé en plomb. Pour ces raisons, la technique du ruban de cuivre est plus économique, plus rentable et plus en vogue.

L'inconvénient principal de cette technique cependant, reste la fragilité de toute réalisation excédant 30 cm × 30 cm.

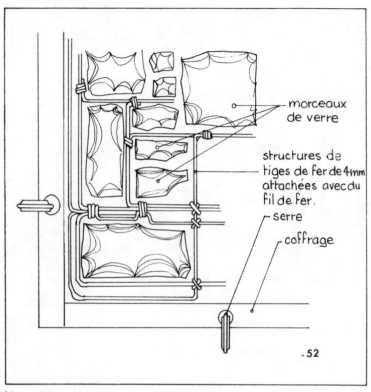

morceaux
de verre

structures de
tiges de fer de 4 mm
attachées avec du
fil de fer.

serre

coffrage

- 52

L'assemblage au ciment.

Trop rigide, la structure peut casser sous l'effet d'une simple pression, voire même, de son propre poids si le panneau réalisé excède 1 m $\times$ 1 m.

Son usage devrait se limiter aux abat-jour et aux petites pièces.

Grosso modo, la technique du ruban de cuivre ressemble en apparence à celle du vitrail. Le pourtour de

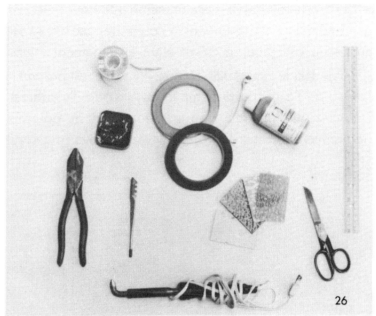

26

Les outils pour le travail du cuivre.

chaque pièce de verre est enveloppé dans un mince ruban de cuivre. Les morceaux sont ensuite placés dans leur position respective, les bordures de cuivre sont alors soudées l'une à l'autre; il faut que toutes les surfaces de cuivre soient bien recouvertes de soudure.

Procédé

On utilise du cuivre dont l'épaisseur varie entre 0,003 cm et 0,005 cm et qui peut être acheté en rouleau de 15 ou 30 cm de large. Cependant, le plus simple est d'utiliser le ruban pré-encollé d'une largeur de 6 mm, 8 mm ou 10 mm et d'une longueur de 35 m.

Le travail préparatif reste le même que pour la technique traditionnelle; cependant la coupe des gabarits se fait au ciseau ordinaire, le cuivre étant extrêmement mince.

Une fois le verre taillé, assurez-vous qu'il est propre: la graisse ou l'eau pourrait empêcher le cuivre d'y adhérer. Déroulez une longueur de ruban équivalent au pourtour du premier morceau de verre, enlevez le papier protecteur

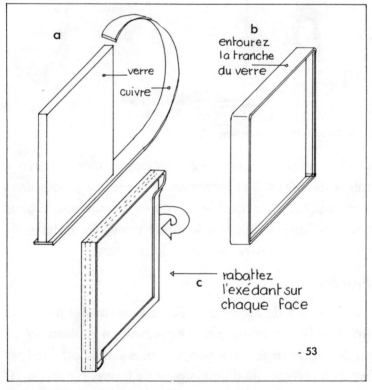

a

verre
cuivre

b
entourez
la tranche
du verre

c
rabattez
l'exédant sur
chaque face

- 53

Comment se servir du ruban de cuivre.

et enveloppez la tranche du verre, rabattez alors l'excédent sur chacune des faces de la pièce (croquis 53).

Il s'agit ensuite de placer chaque pièce en position; maintenez le tout en place à l'aide de réglettes de bois clouées sur la table. Après avoir appliqué de l'acide, on soude les différentes pièces; il est préférable de procéder en deux étapes:

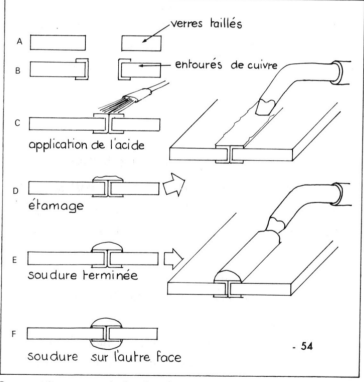

Comment étamer et souder le ruban de cuivre.

1) étamez d'abord pour maintenir les différents éléments entre eux; puis,

2) après avoir encore appliqué de l'acide, repassez lentement le long des soudures afin d'obtenir une soudure uniforme (croquis 54).

Si vous le désirez, vous pouvez appliquer une patine sur la soudure; suivant les compositions, votre fini sera gris ou cuivré. Finalement, effectuez un dernier nettoyage avec des chiffons de grosse toile.

Un vitrail réalisé au ruban de cuivre ne peut être placé à l'extérieur, car il n'est pas étanche et l'infiltration de l'eau le décomposerait en quelques années. Si vous tenez à le placer à l'extérieur, couvrez-le d'une vitre protectrice.

Les assemblages en transparence

1 – Les verres assemblés par un rail de nylon doivent être pris en sandwich entre deux glaces. Cette obligation technique représente autant d'avantages que d'inconvénients.

— *avantage:* le vitrail se présentant sous forme de module scellé, il se fixe comme une fenêtre thermique ordinaire;

— *inconvénient:* comme le cadre scellant le panneau de vitrail demande à être assez solide, il marque un noir (ligne opaque) important .

Les gabarits s'obtiennent de la même façon que dans la technique traditionnelle et les verres sont coupés, aussi, de la même façon.

Le plomb est remplacé par un rail de matière souple et transparente. Comme ces matières ne sont pas rigides, on doit faire supporter le vitrail par une glace. Une fois l'assemblage complété, une deuxième glace est placée par dessus et le tout est scellé hermétiquement. L'intérêt principal de cette technique réside dans sa facile intégration aux techniques actuelles de vitrerie.

2 – La technique d'assemblage de dalles de verre dans de la résine sans amalgame, repose sur le même principe qui régit l'assemblage à l'époxyde ou au ciment. Cependant, au lieu d'obtenir un tracé noir entre les pièces de verre on aura une surface de résine transparente, claire ou teintée. Cette technique peut toutefois provoquer l'éclatement des verres enserrés, car les coefficients de dilatation du verre et de la résine ne sont pas les mêmes. Ce problème est partiellement résolu par l'addition de sable ou autres matières qui affaiblissent l'effet d'enserrement de la résine mais qui lui enlèvent du même coup sa transparence. Des essais en cours tentent d'agglomérer à la résine des particules de matières transparentes, de structures moléculaires différentes. Mais il va falloir attendre quelques années avant que les preuves soient faites.

3 – a) Les verres laminés sont des pièces de verre coloré collées à l'époxyde sur une glace. Utilisez de préférence des verres plats et uniformes. Utilisez des ciseaux ordinaires pour la coupe des gabarits et veillez à ce que le verre ait une cassure nette du premier coup. Évitez d'utiliser la pince à gruger car les pièces qui n'ont pas une coupe parfaite laisseront des jours.

Utilisez une quantité exacte de colle: trop peu, il y aura des poches d'air; en excédent, la colle débordera les verres de couleur et fera des bavures.

Notez cependant que l'époxyde a tendance à jaunir et qu'un décollement peut se produire si vous utilisez cette technique pour l'exécution d'une porte ou d'une fenêtre extérieure. Selon la composition de la surface du support, le silicone est parfois préférable: il élimine les problèmes dus aux vibrations et aux différences dans les coefficients de dilatation. Il est possible de superposer plusieurs couches de verre qui donneront par transparence des effets séduisants.

3 – b) *Les verres laminés à chaud* sont fondus entre deux glaces transparentes. Ainsi, un atelier allemand fabrique des reliefs en verres laminés et moulés de dimensions jusqu'à 2 m $\times$ 1 m. Cependant, cette technique requiert des connaissances précises quant aux verres utilisés, et un contrôle rigoureux des variations de température durant le refroidissement. Sans un équipement complexe, il est difficile d'excéder une surface de 30 cm $\times$ 30 cm.

Prenez soin de bien nettoyer le verre. N'utilisez que du verre de qualité: les autres auront tendance à ternir. Afin que le verre n'adhère pas à la surface de support, utilisez du "Kiln Wash" (oxyde d'aluminium). La température appropriée dépend de la structure de votre verre; elle peut varier entre 650°C et 780°C.

Lorsque vous travaillez le verre à chaud, n'oubliez pas de le recuire en maintenant le verre autour de 600°C pendant 1 heure: c'est à cette température que le verre se restructure; en diminuant très lentement les températures, vous éliminez les tensions internes du verre.

La mosaïque de verre

La mosaïque peut se travailler en opacité comme en transparence. Si vous voulez travailler en transparence, utilisez une glace de 1 cm d'épaisseur sur laquelle vous collerez à l'époxyde des morceaux de verre en suivant le patron placé en-dessous de la glace: une fois la colle figée, remplissez les interstices avec un époxyde opaque.

Si vous voulez travailler en opacité, la surface de support devra être solide, sans craquelure et très propre: un mur de béton, un panneau de contreplaqué, un mur de plâtre etc. Afin que les couleurs ressortent bien, on devrait toujours utiliser une colle époxyde blanche. Les verres opalescents se prêtent bien à cet usage (encoller du côté texturé).

Étalez la colle à la truelle dentée, pas plus de 60 cm² à la fois, puis placez vos petits carreaux de verre. Le collage terminé au complet, attendez le temps nécessaire au séchage. Ensuite, recouvrez le tout de mastic à tuile, puis enlevez le surplus avec une raclette de caoutchouc.

Vingt-quatre heures plus tard, nettoyez le tout avec de la sciure de bois. Avant l'invention des colles époxydes, des ciments, de même que le mastic à l'huile de lin, étaient utilisés à cet usage. L'époxyde est d'une utilisation plus simple et facilite de beaucoup la réussite du travail.

La vitrerie dans le zinc, le cuivre, le maillechort et l'aluminium

Un vitrail se réalise normalement en verre et en plomb. Le plomb est la matière la plus apte à relier le verre et de plus, c'est un métal très malléable.

Cependant on peut utiliser d'autres matières pour sertir le verre. Ainsi, le cuivre et le maillechort seront utilisés pour leur brillance et la qualité de leur effet; le zinc sera employé pour sa rigidité, et l'aluminium pour la facilité de son usage industriel.

Le cuivre et le maillechort sont très peu utilisés actuellement. Ils demandent une très grande précision de la coupe et les soudures doivent être pratiquement invisibles. Quelques ateliers européens les utilisent encore, mais l'assemblage exige presque quatre fois plus de temps. Leur manipulation demande un très grand soin, mais le fini est parfaitement lisse, régulier et brillant.

L'aluminium est utilisé pour la réalisation de vitreries en grande série. La plupart du temps, il est pris en sandwich entre deux glaces et il n'est pas soudé.

Le rail de zinc est obtenu par le pliage d'une feuille de zinc. Il est produit à Chicago dans une vaste gamme de formes et de dimensions. Il fut très utilisé pour la vitrerie de portes et de fenêtres entre 1920 et 1940. Il a l'avantage d'être rigide. Les tiges de zinc doivent être sciées. Pour les courber, il faut utiliser un petit laminoir; cette technique se prête surtout au travail en série (photo 27).

Vitrerie du début du siècle.

Les lampes, boîtes à bijoux, terrariums, etc.

Tous ces objets tridimensionnels peuvent être réalisés

141

avec plusieurs des techniques que nous avons déjà étudiées.

Les lampes assemblées au plomb sur forme

Si les morceaux de verre sont assez petits (plus ils sont petits plus la lampe est solide), on les assemble sur une forme en bois ayant la courbure désirée. On procède comme pour un vitrail: un plomb, un verre, etc.

Pour obtenir les gabarits (grandeur exacte des morceaux de verre), on dépose sur la forme de bois une feuille de papier mouillée en découpant des fentes du bord vers le centre, de façon à ce que la feuille adhère à la forme; puis des lisières de papier encollé sont étalées par-dessus la première feuille. Il faut veiller à bien éliminer les bulles d'air et les amoncellements de colle. Lorsqu'il y a trois ou quatre couches de papier mince, on laisse le tout sécher. Le dessin est alors effectué. Le patron ainsi obtenu est découpé à l'aide de ciseaux à trois lames de façon à donner les gabarits.

Lampes assemblées au plomb, sur table

Après avoir déterminé la forme de votre lampe avec une feuille de papier, rectifiez-la en traçant des arcs de cercle avec un compas. Tracez des lignes droites vers le centre du cercle afin que le verre puisse prendre la courbure. Le patron terminé, découpez les gabarits, puis les verres.

Faites l'assemblage sur la table en partant d'une ligne droite: un plomb, un verre, etc.

Une fois les plombs soudés, relevez le panneau et donnez la forme désirée. Lorsque les deux extrémités sont jointes, il ne vous reste qu'à les souder en place (croquis 55).

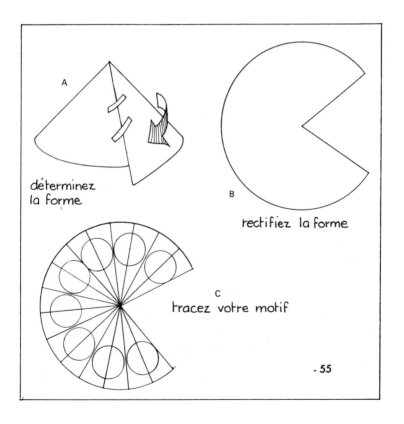

A

déterminez la forme

B

rectifiez la forme

C

tracez votre motif

- 55

143

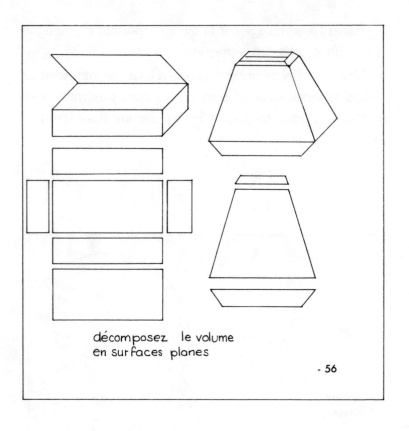

décomposez le volume
en surfaces planes

- 56

Lampes assemblées au ruban de cuivre sur forme

Vous pouvez vous procurer des formes en *styrofoam* chez votre marchand de matériel à vitrail. Sur ces formes on trace les lignes du motif à réaliser correspondant à un patron à plat, d'après lequel vous découpez vos verres. Bien entendu, avec un peu d'imagination, vous pouvez assembler d'autres motifs sur cette forme.

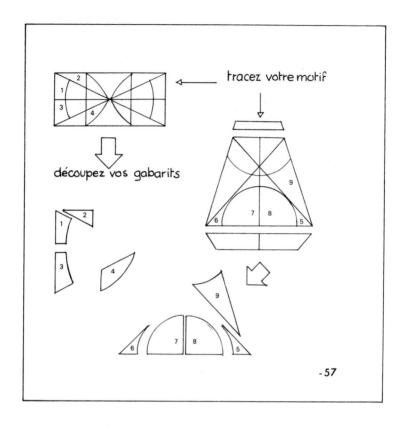

tracez votre motif

découpez vos gabarits

-57

Vos verres étant découpés et entourés de cuivre, mettez-les en place suivant le dessin de la forme et maintenez-les à l'aide d'épingles. Lorsque quelques morceaux sont en position faites quelques points de soudure qui les fixeront ensemble. Vous pouvez intégrer des morceaux de verre bombé ayant la forme de fruits.

Lorsque tous les morceaux sont en place soudez de

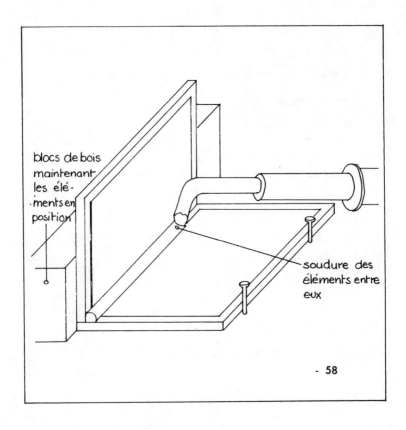

blocs de bois
maintenant
les élé-
·ments en
position

soudure des
éléments entre
eux

- 58

façon à recouvrir entièrement le cuivre, puis enlevez la
forme et soudez l'intérieur de la lampe.

Lampes, terrariums, boîtes à bijoux assemblés au ruban de cuivre et montés par éléments

Une fois que votre dessin est fait, construisez votre
boîte ou lampe en papier rigide en les découpant en surfaces planes (croquis 56).

146

Les surfaces étant détachées les unes des autres, considérez chacune d'entre elles comme un panneau. Vous pouvez tracer un motif sur chacun de ces panneaux et le découper pour en faire des gabarits. Les verres étant taillés d'après ces gabarits et étant sertis de cuivre, chacun des panneaux est assemblé séparément en prenant soin de ne pas appliquer de soudure au pourtour. Ensuite, les différents panneaux sont assemblés en les maintenant dans leur position respective (croquis 57, 58).

Lampes ou boîtes ou terrariums assemblés au cuivre dans une forme creuse (petites pièces de verre)

Vos pièces de verre étant taillées et serties de cuivre, placez-les au fond d'une cuvette ou grand bol en leur faisant suivre la surface interne. Lorsqu'une dizaine de morceaux sont en place, soudez, puis continuez le montage jusqu'au bord du bol. Après avoir soudé toutes les pièces, sortez l'assemblage du moule et soudez la face externe.

Les pâtes de verre ou verres fondus

Cette technique relève, en fait, du verre laminé. Ce sont des verres superposés, amenés à haute température et se collant l'un à l'autre, ou se fondant l'un dans l'autre. Ces verres peuvent être utilisés tels quels, soit comme bijoux s'ils sont de petites dimensions, ou intégrés à d'autres compositions en vitrail par exemple.

Les deux aspects les plus importants dans ce travail sont la compatibilité des verres et le contrôle des températures.

Compatibilité: en général, les verres antiques d'une même provenance (usine) sont compatibles. Cependant, la composition des verres varie à l'infini et un surplus d'un des composants des verres peut les rendre incompatibles. Les essais au four sont donc nécessaires.

Les verres opalescents sont très variables. Essayez de travailler avec des verres de la même provenance. Ainsi, un mélange de verre antique et opalescent ne donne pas de bons résultats car les températures de fusion sont très différentes.

La température, elle, doit augmenter et diminuer graduellement et très lentement. Allouez vingt heures au refroidissement. Faites recuire vos pièces (voir assemblage en transparence B). La température nécessaire varie selon les verres de 650°C à 800°C. Utilisez du "Kiln Wash" pour éviter l'adhérence aux tablettes du four. Si vous désirez polir la partie en contact avec la surface de support vous pouvez utiliser les feutres et les poudres abrasives pour le verre (oxyde de fer).

La gravure au jet de sable

La gravure est un procédé de réserve. L'attaque de la surface du verre se fait grâce à un jet de sable propulsé par un compresseur. Le verre est partiellement protégé par une couche de matière caoutchoutée.

La conception et la composition sont réalisées en fonction d'une gamme de tonalités et de textures. Ainsi, si le verre est intact il correspond au noir; s'il est très attaqué il correspond au blanc; entre ces deux extrêmes se trouve la gamme des intermédiaires. La différence des textures est obtenue par le choix de la grosseur et de la nature de l'abrasif, de même que par celui de l'ouverture de la buse et de la pression avec laquelle le sable est projeté. Des trames métalliques ou autres peuvent être utilisées.

Procédé

La surface du verre est recouverte d'une couche de caoutchouc. Sur le caoutchouc est dessiné le motif à réaliser. Les parties devant être le plus attaquées sont découpées et laissées à nu. Le verre est passé sous un premier jet de sable assez violent pour attaquer le verre profondément.

On découvre ensuite les demi-tons, et on soumet la plaque à un deuxième passage au jet de sable à pression moyenne. Sont ensuite découpées les parties que l'on désire simplement voilées. Le troisième passage est donc à faible pression. Le caoutchouc est ensuite enlevé en totalité et le verre est lavé.

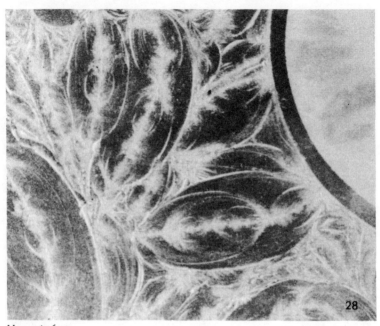

Verre givré.

Le verre givré

Cette technique provoque l'écaillage superficiel du verre ce qui lui confère des effets de givre. Cette technique est très souvent utilisée en parallèle avec le verre gravé au jet de sable ou à l'acide (photo 28).

Procédé

a) dépolissez au jet de sable la partie devant être givrée;

b) enduisez de colle forte chaude la partie sablée;

c) séchez au froid, réchauffez à 60°C puis:

d) passez rapidement la feuille dans un courant d'air froid; le durcissement rapide de la colle fera écailler le verre.

Chapitre X
L'entretien, la réparation,
la restauration

Il est très important que ces travaux soient effectués par des ateliers compétents, ce qui veut dire:

a) avoir fait un apprentissage du métier durant un minimum de trois ans dans un atelier, dans une école ou chez un artisan ayant lui-même suivi le même processus;

b) avoir une dizaine d'années de pratique du métier non seulement dans la réalisation mais aussi dans les solutions apportées aux problèmes de restauration en tant que compagnon sous la direction de quelqu'un qui possède la maîtrise du métier.

La compétence ne peut s'improviser; elle ne peut non plus être délivrée par un cours. Un cours donnera les rudiments du métier; la maîtrise viendra avec le temps.

La restauration est d'ailleurs à l'origine des maîtres-verriers contemporains (1847). En effet, ce titre fut décerné pour la première fois à Henri Gérente pour sa qualification à restaurer les vitraux de la Sainte Chapelle à Paris.

L'entretien

Un vitrail bien fait n'a pas besoin d'entretien avant cent ans. S'il se détériore avant, c'est qu'une des étapes du travail a été mal conçue, mal réalisée, que le vitrail a été mal posé ou que des matériaux de mauvaise qualité ont été utilisés. Pour le nettoyage des petits vitraux ou vitreries de maisons privées, procédez comme pour une vitre ordinaire. Si le vitrail a plus de cinquante ans, évitez d'utiliser des produits trop forts comme le vinaigre, qui pourrait affecter le mastic.

Les vitraux de grandes surfaces (édifices publics, églises etc.) ne nécessitent pas de nettoyage. Ne les lavez pas à l'eau, encore moins avec des produits nettoyants contenant des acides ou des bases.

Si les vitraux sont très sales, consultez des spécialistes qui effectueront un nettoyage à sec.

Si le vitrail est à l'extérieur il est bon, au bout de 50 ans, de le démonter et de le transporter à l'atelier où il sera nettoyé à sec, où on réparera les pièces cassées et vérifiera l'état du plomb et des soudures, avant de le remastiquer au complet et de le reposer.

Si le vitrail est protégé par une contre-fenêtre, cette opération ne sera pas nécessaire avant 75 ou 100 ans, selon l'orientation et l'étanchéité des fenêtres.

Au bout de 100 à 150 ans, il est souvent nécessaire de remplacer le plomb.

Les verres fabriqués après le XVIe siècle peuvent durer plusieurs siècles.

La réparation

Réparer un vitrail est une opération délicate; elle demande une bonne connaissance du métier. Avis aux débutants et aux bricoleurs: "Laissez ce travail aux spécialistes". Une mauvaise réparation accélère la détérioration de la pièce.

Reconstitution d'un vitrail endommagé et réparé plusieurs fois.

Après avoir constaté l'état des vitraux, il s'agit de trouver la cause de la détérioration. Parfois les signes sont évidents: un coup de marteau, une échelle tombée dans le vitrail, etc. D'autres fois la raison est plus subtile. Le verre peut avoir éclaté à cause d'une mauvaise pose du vitrail, d'une mauvaise structure, ou à cause des matériaux utilisés. Il s'agit donc d'aller à la source du problème. Souvent la solution relève de la restauration.

La restauration

On parle de réparation dans les cas de quelques pièces brisées, d'une structure de support insuffisante ou de solution de problèmes mineurs.

La restauration implique un travail plus en profondeur:

a) lorsque la solution aux problèmes demande de repenser la structure au complet: structure interne, renfort, pose;

b) dans les cas d'une remise en état de panneaux très endommagés;

c) dans les cas de réfection de grisailles, et de reconstitution de pièces manquantes, etc. (photo 29).

La restauration est le travail le plus complexe en vitrail. Elle nécessite non seulement une parfaite connaissance du métier mais encore des différentes façons de l'exercer dans les divers pays.

Il est important d'avoir de bonnes connaissances en histoire de l'art au sujet des époques concernées, de connaître les qualités et les défauts des matériaux, des techniques et des façons de travailler dans les principaux ateliers de différents pays depuis deux siècles.

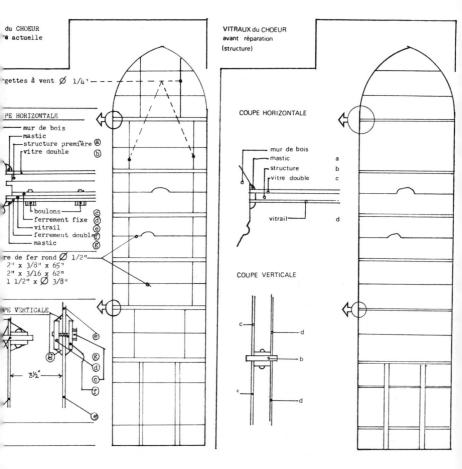

Extrait des devis de restauration de l'église Saint-Patrick de Montréal.

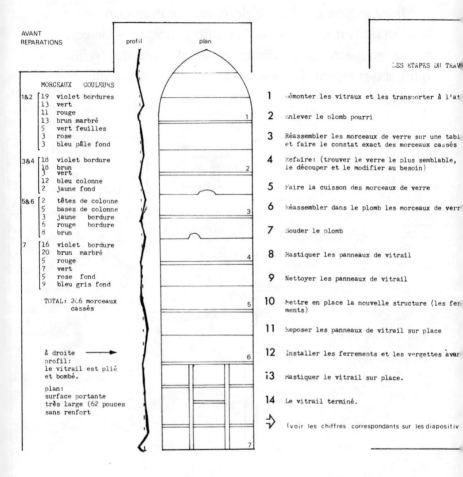

AVANT
REPARATIONS   profil   plan

LES ÉTAPES DU TRAVAIL

MORCEAUX   COULEURS

1&2 ⎡ 19 violet bordures
    ⎢ 13 vert
    ⎢ 11 rouge
    ⎢ 13 brun marbré
    ⎢ 5 vert feuilles
    ⎢ 3 rose
    ⎣ 3 bleu pâle fond

3&4 ⎡ 18 violet bordure
    ⎢ 18 brun
    ⎢ 3 vert
    ⎢ 12 bleu colonne
    ⎣ 2 jaune fond

5&6 ⎡ 2 têtes de colonne
    ⎢ 5 bases de colonne
    ⎢ 3 jaune   bordure
    ⎢ 6 rouge   bordure
    ⎣ 8 brun

7   ⎡ 16 violet bordure
    ⎢ 20 brun marbré
    ⎢ 5 rouge
    ⎢ 7 vert
    ⎢ 5 rose fond
    ⎣ 9 bleu gris fond

TOTAL: 206 morceaux
       cassés

à droite ────────▶
profil:
le vitrail est plié
et bombé.

plan:
surface portante
très large (62 pouces
sans renfort

1 Démonter les vitraux et les transporter à l'at...

2 Enlever le plomb pourri

3 Réassembler les morceaux de verre sur une tabl...
   et faire le constat exact des morceaux cassés

4 Refaire: (trouver le verre le plus semblable,
   le découper et le modifier au besoin)

5 Faire la cuisson des morceaux de verre

6 Réassembler dans le plomb les morceaux de verr...

7 Souder le plomb

8 Mastiquer les panneaux de vitrail

9 Nettoyer les panneaux de vitrail

10 Mettre en place la nouvelle structure (les fer...
   ments)

11 Reposer les panneaux de vitrail sur place

12 Installer les ferrements et les vergettes avan...

13 Mastiquer le vitrail sur place.

14 Le vitrail terminé.

↪ (voir les chiffres correspondants sur les diapositiv...

Extrait des devis de restauration de l'église Saint-Patrick de Montréal.

158

Petit glossaire

VITRAIL

Technique of stained glass or stained glass panel

composition de verres colorés enchassés dans un réseau de plomb

VERRIÈRE

Stained glass window

grande fenêtre ou baie ornée de vitraux

VITRERIE (d'art)

Leaded glass

composition de verres en général non colorés et non peints (contrairement aux vitraux) parfois biseautés, assemblés dans un réseau de plomb, de zinc, de cuivre etc.

MOLETTE

Glass cutter

instrument servant à rayer le verre

PINCE À DÉTACHER

Breaker

pince servant à maintenir et à détacher le verre

PINCE À GRUGER
Grossing plier

instrument servant à rectifier la coupe du verre

MARTELINE
Tapper

petit marteau servant à fêler le verre le long de la rayure

GRISAILLE
Glass paint

composé d'oxydes métalliques servant à peindre le verre et à atténuer sa transparence

SEL D'ARGENT
Silver stain

procédé de teinture jaune du verre

SERTISSAGE
Glasing

action d'enchasser les pièces de verre dans le réseau de plomb

PLOMB
Came lead
Calme lead

baguettes de plomb servant à maintenir les morceaux de verre entre eux

DALLE DE VERRE
Slab glass

verre épais (2 cm et plus)

VERRE SABLÉ
Sanded glass
Sandblasting
verre dépoli à l'aide d'un jet de sable

VERRE GIVRÉ
Chip glass
Glue chip glass
verre dont la surface est écaillée à l'aide de colle

CUIVRE, RUBAN DE CUIVRE
Copper foil
mince feuille de cuivre dont sont recouvertes les tranches des morceaux de verre de façon à pouvoir les souder entre eux

LISTES DES FOURNISSEURS
AU QUÉBEC

MATÉRIEL EN GÉNÉRAL: verre, plomb, soudure, outils, etc.

Vitrerie d'art classique
4625, boul. Saint-Laurent
Montréal, Québec
(catalogue sur demande)

Le centre du vitrail de Montréal Enr.

1050 est, Sauvé

Montréal

VERRE

Duval & Duval Inc.

10801, boul. Ray Lawson

Montréal

Canadian Pittsburgh Industries

255, boul. Décarie

Ville Saint-Laurent

PLOMB ET SOUDURE

Canada Métal Co.

6265 est, rue Notre-Dame

Montréal

Federated Genco

1400, rue Norman

Lachine

OUTILS

Joseph Taylor Inc.

9666, rue Péloquin

Montréal

FOURS

Les fours Vanasse

366, rue de Lanaudière

Joliette

ACIDES

Anachemia Chemical Ltée

500, 2e ave.

Ville Saint-Pierre

LISTE DES FOURNISSEURS AU CANADA

MATÉRIEL EN GÉNÉRAL: verres canadiens et américains

Kaleido Glass Ltd.

6, Main St.

Streetville, Ontario

VERRE ANTIQUE IMPORTÉ

Bienfeld Industries of Canada Ltd.

1848, Bonhill Road

Mississauga, Ontario

L5T 1C4

GRISAILLES ET ÉMAUX POUR VERRE

Blythe Colors Ltd.

195, Heart Lake Road South

Brampton, Ontario

L6W 3N6

LISTE DES FOURNISSEURS
AUX ÉTATS-UNIS

MATÉRIEL EN GÉNÉRAL: verre, outils, plomb, soudure, acide, cuivre etc...

S.A. Bendheim Co. Inc.
122, Hudson Ave.
New York, NY 10013

Whittemore-Durgin
803, Hanover, Mass. 02339

Glass Masters Guild
52, Carmine St.
New York, NY 10014

VERRE

S.A. Bendheim Co. Inc.
122, Hudson Ave.
New York, NY 10013

Biennenfeld Ind. Inc.
1541, Covert St.
Brooklyn, NY. 11227

Blenko Glass Co.
Milton, West VA. 25541

Kokomo Opalescent Glass Co.

Kokomo, Ind. 46901

The Paul Wissmach Glass Co.

Paden City, West Va. 26152

VERRE GIVRÉ EN FEUILLE

The Boulder Art Glass Co.

1920, Arapahoe St.

Boulder, Colorado 80302

GRISAILLES, PEINTURES, SEL D'ARGENT

American Art Clay Co.

4714, W., 16 th Ave.

Indianapolis, Ind. 46222

L. Reusche & Co.

2-6, Lister Ave.

Newark, N.J. 07105

FOURS, PYROMÈTRES

Paragon Ind. Inc.

Box 10133

Dallas, Texas 75207

Wilt Ind.

860, Albany-Shaker Road

Latham, NY 12110

Bibliographie traitant de la technique du vitrail

En latin

DE DIVERSISARTIBUS du moine THÉOPHILE, XIIe siècle.

Traduction anglaise en 1961, par C.R. DODWELL, Londres.

Traduction américaine en 1963, par J.C. HAWTHORNE et C.S. SMITH, Chicago, 1963.

DE COLORIBUS ET ARTIBUS ROMANORUM D'HERACIUS, XIIe siècle.

En français

LE VIEIL, M. L'art de la peinture sur verre et de la vitrerie, Paris, 1774. Nouvelle édition, Minkoff reprint; à Genève, 1973.

OTTIN, L. Le vitrail, Paris, 1896.

MAGNE, L. L'art appliqué aux métiers, H. Laurens, Paris, 1926.

OTTIN, L. L'art de faire un vitrail, H. Laurens, Paris, 1926.

MONSAINGEON, D. *Histoire technique du vitrail signé*, Masson, Paris, 1951.

LABRET, J.S. *Le vitrail, premières notions*, Dessain et Tolra, Paris, 1975.

ANDRIEU, P. *Le vitrail et ses techniques*, Paris, 1977.

LAFOND, J. *Le vitrail*, Fayard, Paris, 1978.

En anglais

BALLANTINE, J. *Treatise on painted glass*, Chapman and Hall, London, 1845.

WINSTON, C. *Art of glass painting*, John Murray, London, 1865.

HOLLIDAY, H. *Stained glass as an art*, Mac Millan, London, 1896.

TWINING, E.W. *The art and craft of stained glass*, Pitman, London, 1928.

REYTIENS, P. *The technique of stained glass*, Batsford Ltd., London, 1967.

ISENBERG, A. & S. *How to work in stained glass*, Chilton Book Co., New-York, 1972.

DUVAL, J.G. *Working with stained glass*, McGraw Hill, N.Y., 1972.

ROTHENBERG, P. *The complete book of creative glass art*, Crown Publishers, N.Y., 1974.

ERIKSON, E. *Step by step stained glass*, Golden press, New York, 1974.

FRENCH, J. *Glass work the copper foil technique*, Van Nostrand Reinhold Co., N.Y., 1975.

Revues spécialisées

Canada

THE LEADLINE
Artists in Stained Glass,
69 Sherbourne Street,
Suite 525,
Toronto M5A 2P9

CANADA CRAFTS
Circulation Departement
380 W. Wellington Street
Toronto M5V 1E3

États-Unis

CRAFT HORIZONS .
American Craft Council,
44 West, 53th Street
New-York NY 10019

GLASS MAGAZINE
408, W., 2nd Ave.,
Portland, Oregon 97204

STAINED GLASS
Stained Glass Association of America
1125 Welmington Ave.,
St-Louis, MO. 63111

JOURNAL OF AMERICAN CERAMIC SOCIETY
JOURNAL OF GLASS STUDIES

France

VERRES ET RÉFRACTAIRES

Grande-Bretagne

GLASS TECHNOLOGY
PHYSICS CHEMICAL GLASSES

Les fabricants de verre

Verres antiques

France   Verrerie de Saint-Just
Saint-Just-sur-Loire
agent à Montréal: Bell & Rinfret

Allemagne Verrerie Desag
Allemagne de l'Ouest

Verrerie Fischer
Allemagne de l'Ouest
en vente à la verrerie d'art classique à
Montréal et

Bienenfeld Industries
Mississauga, Ontario

Angleterre   Verrerie Hartley-Wood
en vente chez S.A. Bendheim, New York
et Bienenfeld, Mississauga, Ont.

États-Unis   Blenko Glass Co.
Milton, West Virginia.

Verres coulés, laminés (double rolled), cathédrales et opalescents

Canada   Canadian Art Glass
P.O. Box 550 Station "T"
Calgary, Alberta T2H 2H1

États-Unis   The Paul Wissmack Glass Co. Inc.
Paden City, West Virginia 26159

Kokomo Opalescent Glass Co. Inc.
P.O. Box 2265
Kokomo, Indiana 46901

Spectrum Glass Co.
1120 S.W. Idaho Street
Seattle, Washington 98106

Bullseye Glass Co.
3722 S.E. 21nd ave.
Portland, Oregon

The Advance Glass Co.
Newark, Ohio

Genesis Glass Co.
700 N.E. 22nd ave.
Portland, Oregon

Dalle de verre

États-Unis   Blenko Glass Co.
Milton, West Virginia

France   Verrerie de Saint-Just
Saint-Just-sur-Loire

Boussois
Meaubeuge, France
(dalles de grandes dimensions)

Les associations

Canada

Artists in Stained Glass
69 Sherbourne Street, suite 525,
Toronto M5A 2P9

États-Unis

Stained Glass Association of America
1125 Welmington Ave.
St-Louis, Mo. 63111

France

Chambre syndicale des maîtres-verriers français
a/s M. Jacques Juteau
46 rue de la Tannerie
Chartres, France 28000

Annexe

Quatre projets simples à réaliser
(tenant lieu d'introduction au vitrail)

1. Assemblage d'un petit élément à suspendre dans une fenêtre: réalisé au cuivre. (pour les débutants, même pour les enfants de 7 ou 8 ans, élèves du secondaire etc.)

2. Petite vitrerie classique: assemblage au plomb. (pour les bricoleurs).

3. Petite lanterne: assemblage au cuivre. (pour bricoleurs).

4. Mosaïque transparente: assemblage au plâtre. (pour les élèves du secondaire).

I — Assemblage d'un petit élément à suspendre dans une fenêtre
(assemblage au cuivre)

NOTE: Avant d'entreprendre ce projet relisez le chapitre
intitulé: *La technique du ruban de cuivre.*

Matériel et outils nécessaires

— petites retailles de verre de couleur (10 ou 15 couleurs)
— une roulette de ruban de cuivre de 0,62 cm
— acide à souder
— soudure 50/50
— fer à souder 90 watts
— un morceau de fil de laiton
— un chiffon
— un peu de solvant

A Choisissez parmi les retailles les formes et les couleurs qui pourraient s'agencer de façon à former un motif. Photo A

B Sertissez de cuivre les formes choisies. Photo B

C Soudez les formes entre elles. Photo C

D Fixez un petit anneau en fil de laiton. Photo D

E Nettoyez avec un chiffon imbibé d'un peu de solvant. Photo E

F Suspendez dans une fenêtre. Photo F

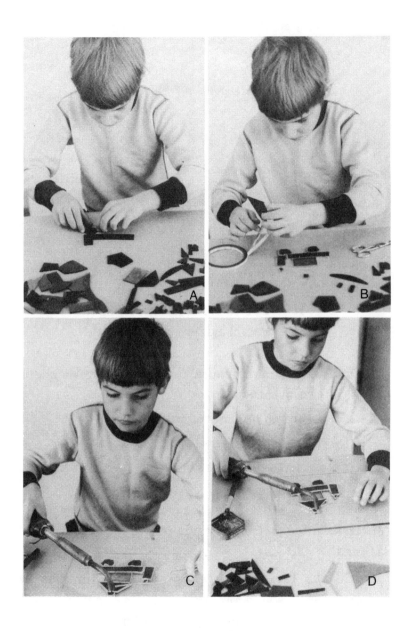

175

II — Petite vitrerie classique
(assemblage au plomb)

NOTE: Avant d'entreprendre ce projet relisez les chapitres suivants:

3 *Le travail préparatif* (croquis 59)

4 *Comment couper le verre*

6 *Le sertissage*

7 *La finition*

Matériel nécessaire pour une petite fenêtre
50 cm × 30 cm

Verre: Deux fois la surface de votre fenêtre pour le losangé soit 3000 cm² ou 1/3 de mètre².

Deux fois la surface de la bordure soit 800 cm².

Plomb: en longueur de 2 m.
       8 fois la hauteur
       plus 8 fois la largeur
       TOTAL: **4 longueurs**

Outils (minimum)

— couteau pour couper le plomb;
— deux lames de rasoir (pour faire les gabarits);
— papier, papier carbone, carton mince (pour le patron et les gabarits);
— un petit marteau;
— un fer à souder 90 watts;
— une molette, une règle de bois;
— une paire de pince (pince à détacher); un chiffon;
— clous, mastic;
— soudure, acide à souder.

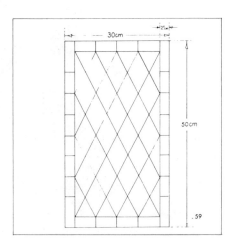

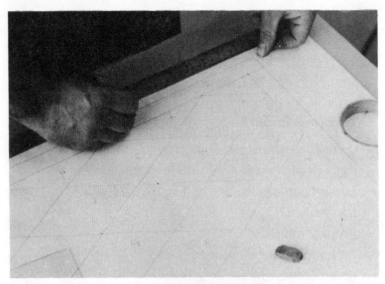

A — Tracez les patrons et faites les gabarits (chapitre III).

B — Découpez le verre suivant les gabarits (chapitre IV).

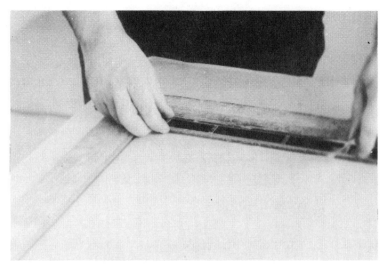

C — Placez le long des règles, un plomb pour la longueur, un pour la largeur (chapitre VI).

D — Complétez le sertissage (chapitre VI) et faites la finition (chapitre VII).

III — Petite lanterne
(assemblage au cuivre)

NOTE: Avant d'entreprendre ce projet relisez le chapitre
intitulé: *La technique du ruban de cuivre.*

Matériel: 900 cm² de verre opalescent
cuivre (en ruban ¼")
soudure
acide à souder

Outils: une molette, une règle;
une paire de pince, un chiffon;
du papier, du carton;
un fer à souder 90 watts

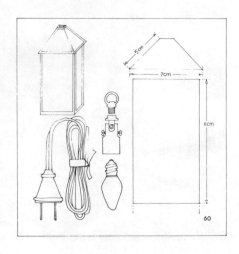

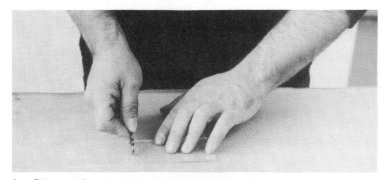

A — Découpez le verre à la dimension indiquée au croquis 60.

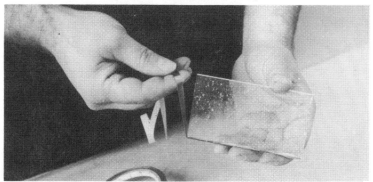

B — Sertissez de cuivre (chapitre IX).

C — Soudez les quatre faces entre elles.

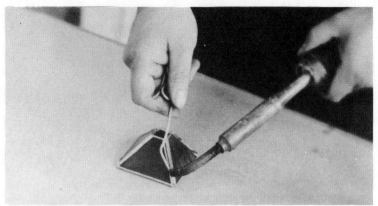

D — Soudez les quatre faces du toit entre elles.

E — Soudez le toit aux côtés, et nettoyez.

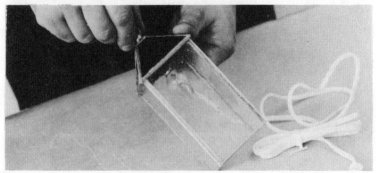

F — Installez les accessoires électriques.

IV – Mosaïque transparente
(Maquette de vitrail, projet pour écoles secondaires)

Matériel nécessaire

— retailles de verre de couleur (le plus possible);
— une vitre ordinaire (verre double) 30 cm $\times$ 20 cm;
— plâtre de Paris;
— colle caoutchouc.

Outils

— une molette;
— une paire de pince;
— chiffons.

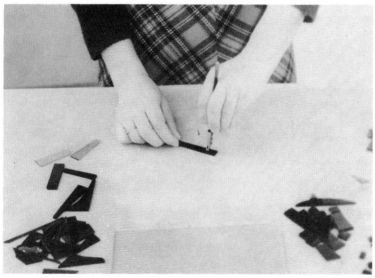

A — Taillez les verres en petits carreaux de 1 cm $\times$ 1 cm.

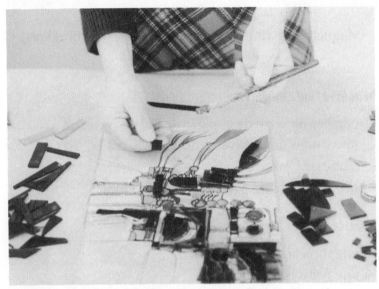

B — Après avoir placé votre dessin sous la vitre, collez les carreaux de verre en suivant le dessin.

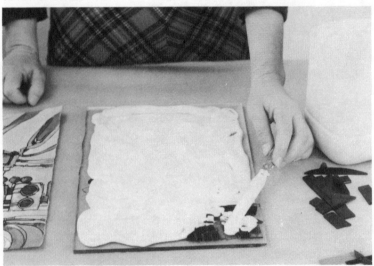

C — Recouvrez le tout de plâtre.

184

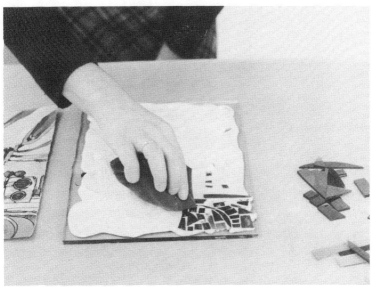

D — Essuyez le plâtre à la surface du verre de couleur.

Table des matières

Achevé d'imprimer sur les presses de

L'IMPRIMERIE ELECTRA*
*Division de l'A.D.P. Inc.

pour

LES ÉDITIONS DE L'HOMME*
*Division de Sogides Ltée

Imprimé au Canada/Printed in Canada

Ouvrages parus chez les Éditeurs du groupe Sogides

Ouvrages parus aux ÉDITIONS DE L'HOMME

ALIMENTATION — SANTÉ

Alimentation pour futures mamans, Mmes Sekely et Gougeon
Les allergies, Dr Pierre Delorme
Apprenez à connaître vos médicaments, René Poitevin
L'art de vivre en bonne santé, Dr Wilfrid Leblond
Bien dormir, Dr James C. Paupst
La boîte à lunch, Louise Lambert-Lagacé
La cellulite, Dr Gérard J. Léonard
Comment nourrir son enfant, Louise Lambert-Lagacé
La congélation des aliments, Suzanne Lapointe
Les conseils de mon médecin de famille, Dr Maurice Lauzon
Contrôlez votre poids, Dr Jean-Paul Ostiguy
Desserts diététiques, Claude Poliquin
La diététique dans la vie quotidienne, Louise L.-Lagacé
En attendant notre enfant, Mme Yvette Pratte-Marchessault
Le face-lifting par l'exercice, Senta Maria Rungé

La femme enceinte, Dr Robert A. Bradley
Guérir sans risques, Dr Emile Plisnier
Guide des premiers soins, Dr Joël Hartley
La maman et son nouveau-né, Trude Sekely
La médecine esthétique, Dr Guylaine Lanctôt
Menu de santé, Louise Lambert-Lagacé
Pour bébé, le sein ou le biberon, Yvette Pratte-Marchessault
Pour vous future maman, Trude Sekely
Recettes pour aider à maigrir, Dr Jean-Paul Ostiguy
Régimes pour maigrir, Marie-José Beaudoin
Santé et joie de vivre, Dr Jean-Paul Ostiguy
Le sein, En collaboration
Soignez-vous par le vin, Dr E.A. Maury
Sport — santé et nutrition, Dr Jean-Paul Ostiguy
Tous les secrets de l'alimentation, Marie-Josée Beaudoin

ART CULINAIRE

101 omelettes, Marycette Claude
L'art d'apprêter les restes, Suzanne Lapointe
L'art de la cuisine chinoise, Stella Chan
La bonne table, Juliette Huot
La brasserie la mère Clavet vous présente ses recettes, Léo Godon
Canapés et amuse-gueule
Les cocktails de Jacques Normand, Jacques Normand
Les confitures, Misette Godard
Les conserves, Soeur Berthe
La cuisine aux herbes
La cusine chinoise, Lizette Gervais
La cuisine de maman Lapointe, Suzanne Lapointe
La cuisine de Pol Martin, Pol Martin
La cuisine des 4 saisons, Hélène Durand-LaRoche
La cuisine en plein air, Hélène Doucet Leduc
La cuisine micro-ondes, Jehane Benoit
Cuisiner avec le robot gourmand, Pol Martin
Du potager à la table, Paul Pouliot et Pol Martin
En cuisinant de 5 à 6, Juliette Huot
Fondue et barbecue
Fondues et flambées de maman Lapointe, S. et L. Lapointe
Les fruits, John Goode

La gastronomie au Québec, Abel Benquet
La grande cuisine au Pernod, Suzanne Lapointe
Les grillades
Hors-d'oeuvre, salades et buffets froids, Louis Dubois
Les légumes, John Goode
Liqueurs et philtres d'amour, Hélène Morasse
Ma cuisine maison, Jehane Benoit
Madame reçoit, Hélène Durand-LaRoche
La pâtisserie, Maurice-Marie Bellot
Poissons et crustacés
Poissons et fruits de mer, Soeur Berthe
Le poulet à toutes les sauces, Monique Thyraud de Vosjoli
Les recettes à la bière des grandes cuisines Molson, Marcel L. Beaulieu
Recettes au blender, Juliette Huot
Recettes de gibier, Suzanne Lapointe
Les recettes de Juliette, Juliette Huot
Les recettes de maman, Suzanne Lapointe
Les techniques culinaires, Soeur Berthe Sansregret
Vos vedettes et leurs recettes, Gisèle Dufour et Gérard Poirier
Y'a du soleil dans votre assiette, Francine Georget

DOCUMENTS — BIOGRAPHIES

Action Montréal, Serge Joyal
L'architecture traditionnelle au Québec, Yves Laframboise
L'art traditionnel au Québec, M. Lessard et H. Marquis
Artisanat québécois 1, Cyril Simard
Artisanat Québécois 2, Cyril Simard
Artisanat Québécois 3, Cyril Simard
Les bien-pensants, Pierre Berton
La chanson québécoise, Benoît L'Herbier
Charlebois, qui es-tu? Benoit L'Herbier
Le comité, M. et P. Thyraud de Vosjoli
Deux innocents en Chine rouge, Jacques Hébert et Pierre E. Trudeau
Duplessis, tome 1: L'ascension, Conrad Black

Les mammifères de mon pays, St-Denys, Duchesnay et Dumais
Margaret Trudeau, Felicity Cochrane
Masques et visages du spiritualisme contemporain, Julius Evola
Mon calvaire roumain, Michel Solomon
Les moulins à eau de la vallée du Saint-Laurent, F. Adam-Villeneuve et C. Felteau
Mozart raconté en 50 chefs-d'oeuvre, Paul Roussel
La musique au Québec, Willy Amtmann
Les objets familiers de nos ancêtres, Vermette, Genêt, Décarie-Audet
L'option, J.-P. Charbonneau et G. Paquette
Option Québec, René Lévesque

Duplessis, tome 2: Le pouvoir Conrad Black

La dynastie des Bronfman, Peter C. Newman

Les écoles de rasb au Québec, Jacques Dorion

Égalité ou indépendance, Daniel Johnson

Envol — Départ pour le début du monde, Daniel Kemp

Les épaves du Saint-Laurent, Jean Lafrance

L'ermite, T. Lobsang Rampa

Le fabuleux Onassis, Christian Cafarakis

La filière canadienne, Jean-Pierre Charbonneau

Le grand livre des antiquités, K. Bell et J. et E. Smith

Un homme et sa mission, Le Cardinal Léger en Afrique

Information voyage, Robert Viau et Jean Daunais

Les insolences du Frère Untel, Frère Untel

Lamia, P.L. Thyraud de Vosjoli

Magadan, Michel Solomon

La maison traditionnelle au Québec, Michel Lessard et Gilles Vilandré

La maîtresse, W. James, S. Jane Kedgley

Les papillons du Québec, B. Prévost et C. Veilleux

La petite barbe. J'ai vécu 40 ans dans le Grand Nord, André Steinmann

Pour entretenir la flamme, T. Lobsang Rampa

Prague l'été des tanks, Desgraupes, Dumayet, Stanké

Premiers sur la lune, Armstrong, Collins, Aldrin Jr

Provencher, le dernier des coureurs de bois, Paul Provencher

Le Québec des libertés, Parti Libéral du Québec

Révolte contre le monde moderne, Julius Evola

Le struma, Michel Solomon

Le temps des fêtes, Raymond Montpetit

Le terrorisme québécois, Dr Gustave Morf

La treizième chandelle, T. Lobsang Rampa

La troisième voie, Emile Colas

Les trois vies de Pearson, J.-M. Poliquin, J.R. Beal

Trudeau, le paradoxe, Anthony Westell

Vizzini, Sal Vizzini

Le vrai visage de Duplessis, Pierre Laporte

ENCYCLOPÉDIES

L'encyclopédie de la chasse, Bernard Leiffet

Encyclopédie de la maison québécoise, M. Lessard, H. Marquis

Encyclopédie des antiquités du Québec, M. Lessard, H. Marquis

Encyclopédie des oiseaux du Québec, W. Earl Godfrey

Encyclopédie du jardinier horticulteur, W.H. Perron

Encyclopédie du Québec, vol. I, Louis Landry

Encyclopédie du Québec, vol. II, Louis Landry

LANGUE

Améliorez votre français, Professeur Jacques Laurin

L'anglais par la méthode choc, Jean-Louis Morgan

Corrigeons nos anglicismes, Jacques Laurin

Notre français et ses pièges, Jacques Laurin

Petit dictionnaire du joual au français, Augustin Turenne

Les verbes, Jacques Laurin

LITTÉRATURE

22 222 milles à l'heure, Geneviève Gagnon

Aaron, Yves Thériault

Adieu Québec, André Bruneau

Agaguk, Yves Thériault

L'allocutaire, Gilbert Langlois

Les Berger, Marcel Cabay-Marin

Bigaouette, Raymond Lévesque

Le bois pourri, Andrée Maillet

Bousille et les justes (Pièce en 4 actes), Gratien Gélinas

Cap sur l'enfer, Ian Slater

Les carnivores, François Moreau

Carré Saint-Louis, Jean-Jules Richard

Les cent pas dans ma tête, Pierre Dudan

Centre-ville, Jean-Jules Richard

Chez les termites, Madeleine Ouellette-Michalska

Les commettants de Caridad, Yves Thériault

Cul-de-sac, Yves Thériault

D'un mur à l'autre, Paul-André Bibeau

Danka, Marcel Godin

La débarque, Raymond Plante

Les demi-civilisés, Jean-C. Harvey

Le dernier havre, Yves Thériault

Le domaine Cassaubon, Gilbert Langlois

Le dompteur d'ours, Yves Thériault

Le doux mal, Andrée Maillet

Échec au réseau meurtrier, Ronald White

L'emprise, Gaétan Brulotte

L'engrenage, Claudine Numainville

En hommage aux araignées, Esther Rochon

Et puis tout est silence, Claude Jasmin

Exodus U.K., Richard Rohmer

Exxoneration, Richard Rohmer

Faites de beaux rêves, Jacques Poulin

La fille laide, Yves Thériault

Fréquences interdites, Paul-André Bibeau

La fuite immobile, Gilles Archambault

J'parle tout seul quand Jean Narrache, Emile Coderre

Le jeu des saisons, M. Ouellette-Michalska

Joey et son 29e meurtre, Joey

Joey tue, Joey

Joey, tueur à gages, Joey

Lady Sylvana, Louise Morin

La marche des grands cocus, Roger Fournier

Moi ou la planète, Charles Montpetit

Le monde aime mieux..., Clémence Des-Rochers

Monsieur Isaac, G. Racette et N. de Bellefeuille

Mourir en automne, Claude DeCotret

N'tsuk, Yves Thériault

Neuf jours de haine, Jean-Jules Richard

New Medea, Monique Bosco

L'ossature, Robert Morency

L'outaragasipi, Claude Jasmin

La petite fleur du Vietnam, Clément Gaumont

Pièges, Jean-Jules Richard

Porte silence, Paul-André Bibeau

Porte sur l'enfer, Michel Vézina

Requiem pour un père, François Moreau

La scouine, Albert Laberge

Séparation, Richard Rohmer

Si tu savais..., Georges Dor

Les silences de la Croix-du-Sud, Daniel Pilon

Tayaout — fils d'Agaguk, Yves Thériault

Les temps du carcajou, Yves Thériault

Tête blanche, Marie-Claire Blais

Tit-Coq, Gratien Gélinas

Les tours de Babylone, Maurice Gagnon

Le trou, Sylvain Chapdelaine

Ultimatum, Richard Rohmer

Un simple soldat, Marcel Dubé

Valérie, Yves Thériault

Les vendeurs du temple, Yves Thériault

Les visages de l'enfance, Dominique Blondeau

La vogue, Pierre Jeancard

LIVRES PRATIQUES — LOISIRS

8/super 8/16, André Lafrance

L'ABC du marketing, André Dahamni

Initiation au système métrique, Louis Stanké

Fins de partie aux dames, H. Tranquille,
G. Lefebvre
Le fléché, F. Bourret, L. Lavigne
La fourrure, Caroline Labelle
Gagster, Claude Landré
Le guide complet de la couture, Lise
Chartier
Guide du propriétaire et du locataire, M.
Bolduc, M. Lavigne, J. Giroux
Guide du véhicule de loisir, Daniel
Héraud
La guitare, Peter Collins
L'hypnotisme, Jean Manolesco

La taxidermie, Jean Labrie
Technique de la photo, Antoine Desilets
Tenir maison, Françoise Gaudet-Smet
Terre cuite, Robert Fortier
Tout sur le macramé, Virginia I. Harvey
Les trouvailles de Clémence, Clémence
Desrochers
Vivre, c'est vendre, Jean-Marc Chaput
Voir clair aux dames, H. Tranquille, G.
Lefebvre
Voir clair aux échecs, Henri Tranquille
Votre avenir par les cartes, Louis Stanké
Votre discothèque, Paul Roussel

PLANTES — JARDINAGE

Arbres, haies et arbustes, Paul Pouliot
La culture des fleurs, des fruits et des
légumes
Dessiner et aménager son terrain
Le jardinage, Paul Pouliot
Je décore avec des fleurs, Mimi Bassili

Les plantes d'intérieur, Paul Pouliot
Les techniques du jardinage, Paul Pouliot
Les terrariums, Ken Kayatta et Steven
Schmidt
Votre pelouse, Paul Pouliot

PSYCHOLOGIE — ÉDUCATION

Aidez votre enfant à lire et à écrire, Loui-
se Doyon-Richard
L'amour de l'exigence à la préférence,
Lucien Auger
Caractères et tempéraments, Claude-
Gérard Sarrazin
Les caractères par l'interprétation des
visages, Louis Stanké
Comment animer un groupe, Collabo-
ration
Comment vaincre la gêne et la timidité,
René-Salvator Catta
Communication et épanouissement per-
sonnel, Lucien Auger
Complexes et psychanalyse, Pierre Vali-
nieff
Contact, Léonard et Nathalie Zunin
Cours de psychologie populaire, Fer-
nand Cantin
Découvrez votre enfant par ses jeux,
Didier Calvet
La dépression nerveuse, En collabora-
tion

Futur père, Yvette Pratte-Marchessault
Hatha-yoga pour tous, Suzanne Piuze
Interprétez vos rêves, Louis Stanké
J'aime, Yves Saint-Arnaud
Le langage de votre enfant, Professeur
Claude Langevin
Les maladies psychosomatiques, Dr Ro-
ger Foisy
La méditation transcendantale, Jack Fo-
rem
La personne humaine, Yves Saint-
Arnaud
La première impression, Chris L. Kleinke
Préparez votre enfant à l'école, Louise
Doyon-Richard
Relaxation sensorielle, Pierre Gravel
S'aider soi-même, Lucien Auger
Savoir organiser: savoir décider, Gérald
Lefebvre
Se comprendre soi-même, Collaboration
Se connaître soi-même, Gérard Artaud
La séparation du couple, Dr Robert S.
Weiss

Le développement psychomoteur du bébé, Didier Calvet

Développez votre personnalité, vous réussirez, Sylvain Brind'Amour

Les douze premiers mois de mon enfant, Frank Caplan

Dynamique des groupes, J.-M. Aubry, Y. Saint-Arnaud

Être soi-même, Dorothy Corkille Briggs

Le facteur chance, Max Gunther

La femme après 30 ans, Nicole Germain

Vaincre ses peurs, Lucien Auger

La volonté, l'attention, la mémoire, Robert Tocquet

Vos mains, miroir de la personnalité, Pascale Maby

Vouloir c'est pouvoir, Raymond Hull

Yoga, corps et pensée, Bruno Leclercq

Le yoga des sphères, Bruno Leclercq

Le yoga, santé totale, Guy Lescouflair

SEXOLOGIE

L'adolescent veut savoir, Dr Lionel Gendron

L'adolescente veut savoir, Dr Lionel Gendron

L'amour après 50 ans, Dr Lionel Gendron

La contraception, Dr Lionel Gendron

Les déviations sexuelles, Dr Yvan Léger

La femme enceinte et la sexualité, Elisabeth Bing, Libby Colman

La femme et le sexe, Dr Lionel Gendron

Helga, Eric F. Bender

L'homme et l'art érotique, Dr Lionel Gendron

Les maladies transmises par relations sexuelles, Dr Lionel Gendron

La mariée veut savoir, Dr Lionel Gendron

La ménopause, Dr Lionel Gendron

La merveilleuse histoire de la naissance, Dr Lionel Gendron

Qu'est-ce qu'un homme?, Dr Lionel Gendron

Qu'est-ce qu'une femme?, Dr Lionel Gendron

Quel est votre quotient psycho-sexuel?, Dr Lionel Gendron

La sexualité, Dr Lionel Gendron

La sexualité du jeune adolescent, Dr Lionel Gendron

Le sexe au féminin, Carmen Kerr

Yoga sexe, S. Piuze et Dr L. Gendron

SPORTS

L'ABC du hockey, Howie Meeker

Aïkido — au-delà de l'agressivité, M. N.D. Villadorata et P. Grisard

Les armes de chasse, Charles Petit-Martinon

La bicyclette, Jeffrey Blish

Les Canadiens, nos glorieux champions, D. Brodeur et Y. Pedneault

Canoé-kayak, Wolf Ruck

Carte et boussole, Bjorn Kjellstrom

Comment se sortir du trou au golf, L. Brien et J. Barrette

Le conditionnement physique, Chevalier, Laferrière et Bergeron

Devant le filet, Jacques Plante

En forme après 50 ans, Trude Sekely

Nadia, Denis Brodeur et Benoît Aubin

La natation de compétition, Régent LaCoursière

La navigation de plaisance au Québec, R. Desjardins et A. Ledoux

Mes observations sur les insectes, Paul Provencher

Mes observations sur les mammifères, Paul Provencher

Mes observations sur les oiseaux, Paul Provencher

Mes observations sur les poissons, Paul Provencher

La pêche à la mouche, Serge Marleau

La pêche au Québec, Michel Chamberland

Imprimé au Canada
Printed in Canada